Mind Map Mastery

世界最強思考武器——正宗心智圖

全球超過百萬人使用，想法周延、任務簡化，工作與家庭都繽紛起來。

心智圖唯一發明人、協助全球百萬人發揮心智潛能的英國腦力開發專家
東尼．博贊（Tony Buzan）——著
黃貝玲——譯

大是文化

CONTENTS

CONTENTS

第3章 什麼不是心智圖？

第4章 尋找解決方案 183

第5章 心智圖無窮的應用 207

CONTENTS

推薦序一

兼具理性與感性、科學與藝術的心智圖法

英國博贊中心全球第一位華人講師、孫易新心智圖法培訓機構創辦人／**孫易新**

「圖像」是全體人類共同的語言，心智圖之所以能在最近二十年間，被許多人作為工作與學習的工具，主要是因為它融入了圖像、色彩等元素，使人們思考、學習的過程當中，不僅充滿了愉悅感，也激發出更多的創意，而且記憶增強了。

視覺化的圖解思考工具，例如概念圖、樹狀圖、魚骨圖等，其實向來就廣為應用於職場或學校場域，而且具有一定的成效。一九九七年，我為何願意前往英國博贊中心（Buzan Centres），接受創辦人博贊先生（Tony Buzan）與總裁諾斯女士（Vanda North）的師資培訓，將整套心智圖法引進臺灣、中國並全力推廣呢？主要的原因就是，我的人生自從三十年前，初次接觸學習心智圖法之後，產生了正向積極的改變。

小學、中學時期，我雖因學習成績不佳被歸入後段班，但因為長期持續使用心智圖法，它讓我在白忙的工作之餘，也能順利從臺灣師範大學博士班畢業。這說明小時候的我其實並不笨，而是沒有用對方法與工具。多數人需要的是一種符合大腦天性的方法、容易操作使用的工具，這個方法就是心智圖法。

心智圖是一種全方位、多元的視覺化圖解思考工具，它應用到左腦心智能力的文字、數字、邏輯、順序等元素，以及右腦的想像、色彩、圖像、空間等元素。身為有三十年經驗的心智圖者，感受到它最大的益處是思維習慣的改變。面對任何事情，我會以心智圖的左右腦元素進行檢核：這件事合乎邏輯嗎？順序應如何安排？文字正確嗎？措辭恰當嗎？數字正確嗎？給我、給別人的感受是什麼？它會是什麼樣的場景畫面？進行的節奏又如何？

無怪乎本書作者首度在其著作提到，正宗的心智圖必須符合哪些要件，其用意在於期望讀者能更加充分的善用左右腦的心智能力，養成兼具理性與感性、科學與藝術的全方位多元思維模式。

如同作者所言，心智圖是人類思考的自然演化，人類自古便不斷試圖運用圖像，分享內心深處的想法，心智圖便是如此發展的結晶。換言之，它是我們全體人類共同進化、積累下來的智慧。今天，我們不僅要好好吸收、學習，更要在前人已建立的基礎之上突破、創新。本書將是你最佳的學習指南，特為文推薦之。

本文作者為臺灣師範大學社會教育研究所博士。現任浩域企管董事長、孫易新心智圖法培訓機構執行長。曾於IBM、台積電、聯電、鴻海精密、宏達電、聯發科技、Yahoo!等三百家企業授課。著有《心智圖法：理論與應用》、《案例解析！超高效心智圖法入門》、《心智圖法的生活應用》等書。

推薦序二

所有你想要的能力，通通都可以學習而來

臺灣學習力訓練師、心智圖天后／**胡雅茹**

所有你想要的能力，通通都有訣竅，是可以學習來的。但是，你跟錯人學習，只有更糟，沒有最糟！

心智圖發明人東尼．博贊在本書中提到：

在那堂課之後，我問那位教授是如何培養出令人驚豔的記憶力，結果他只是簡單回我一句：「孩子，我是天才。」接下來三個月，我鍥而不舍的糾纏他，他終於決定告訴我們這個祕密。

十九年前，我所處的工作小組遲遲無法與供應商議價成功，不得已只好請他組的資深前輩出馬，沒想到前輩在第一次會談時，就立刻探出對方的底線並完成議價。當時我很好奇，這位前輩是如何達成良好互動的溝通，他也是告訴我：「這個能力，我是天生的。」我打死不退的探索下去，才挖出溝通訣竅。

我是個懶得動腦的人，但人若是不動腦的話，只會被社會淘汰，既然非得動腦不可，我就開始不斷找尋「能幫我更快速完成思考的方法」。

心智圖是我的最愛，因為它能幫我快速提高思考效率，而且適用於各年齡層，是運用領域最廣的思考工具。九歲到九十九歲都能運用心智圖，讓自己好上加好。

有一次，公司副總拿出樣品，要求我們三人在一個月內做出類似的效果。我立刻拿出一枝筆，以心智圖盤點能接的代工廠，第二張心智圖列出分工事項與預定進度。二十分鐘後，我們三人用五分鐘確認細節，就立即執行任務。若無心智圖幫助，我們肯定得花一個小時討論，才開始執行。兩張心智圖就幫我們省下至少六成的時間。

受益於心智圖的案例不勝枚舉。正在讀國中二年級的小昆在報名時告訴我，他看到同學的考試成績過了一個寒假後突飛猛進，那位同學只透露：「以前是我不想念書，現在才是我真正的實力。」之後小昆明查暗訪之下才知道，那位同學是學習心智圖之後才有如此巨大的成長。

這三段東、西方不同年齡者的故事都告訴我們：「所有你想要的能力，通通都有訣竅，而且是可以學習來的！」

不過，這句話有但書：「你跟錯人學習，只有更糟，沒有最糟！」

上網成本的降低，與行動網路的成長，讓真真假假的資訊都以過去幾百倍的速度流通。東尼．博贊在多年前就開始呼籲，心智圖有其規則，若不符合其中一個條件，那它當然沒有效！

我跟東尼．博贊一樣，對於網路上許多走樣的心智圖教學影片、心智圖範例，感到憂心，很多人在數次撞牆後才來問我：「到底應該怎麼畫心智圖呢？」

但我個人畢竟力量很有限，現在心智圖發明人東尼．博贊正式出書來撥亂反正，對華人讀者來說是一件非常棒的事情。

你從本書的目錄中就能知道，你可以學到的內容很廣。不管你是上班族，或是應考生，仔細閱讀本書，不要用快速瀏覽的方式，你都能在書中獲得非常關鍵的心智圖祕訣，也才能享受心智圖為你帶來不可思議的成長。

本文作者被譽為臺灣學習力訓練師，曾與臺北市公務員訓練中心、中華職訓中心合作。針對臺灣人的學習方式，引進英國「Mind Map心智圖」，結合多年教學經驗與個人心得進而推廣。並榮獲臺灣教育部博識網，與中臺科技大學教學卓越計畫的教師用書獲優銀推獎等。著有《心智圖筆記術》、《心智圖超簡單》等書。

推薦序三

有效率的學習，才能因應社會變動

《人生路引》作者、醫師／楊斯棓

第一次接觸心智圖是十幾年前，當時參加資策會（財團法人資訊工業策進會）舉辦的課程。手繪心智圖時，心境輕舞飛揚、腦力完全釋放、異常暢快。

今天回頭看，當時我的階段性任務不過是幾個小考試，所幸悉數通過。心智圖一技習得，暫無急用，閒散數年。

五年前認識了一群企業講師，像陳資璧、盧慈偉賢伉儷，就是心智圖領域的知名講師，代表作品是《你的第一本心智圖操作書》，而以《拆解問題的技術》一書受到矚目的講師趙胤丞，三年前就曾出版《畫出完美心智圖超簡單》，亦喧騰一時。

每本心智圖書籍都會提到創始者東尼．博贊，資璧更是師承博贊先生。

心智圖究竟何用？容我舉例。

你是否曾經出國後發現忘記帶泳褲、刮鬍刀跟手機充電線？如果出門前你用半小時畫一個行前心智圖想像一下，每一天的場景對應需要什麼，你將不會掛一漏萬，接下來的旅程才能開開心心。

多年前，我曾參加林明樟老師（江湖人稱MJ）《給兒子的十八堂商業思維課》的新書發表會，印象最深刻的是，MJ老師提到有一次他兒子承勳嘟囔說很少出去玩，MJ請承勳用「出去玩」為主題畫心智圖，畫完之後，承勳發現其實MJ經常陪伴他，有時海邊走走、山居歲月，有時鐵馬長征、泅浮潛泳。承勳對MJ說：「其實我很幸福。」讓MJ笑中帶淚。

如果你擔心心智圖只能處理軟議題，不能消化硬議題，請看趙胤丞老師的親身經歷：趙老師用八十個小時，將PMP（專案管理，為Project Management Professional簡稱）超過四百頁的原文教科書，以心智圖法整理，加速了他後續的複習速度，一個月後高分通過考試，品嘗心智圖帶來的甜美果實。

有些朋友不習慣手繪，獨鍾數位，那也無妨，可以參考電腦玩物站長Esor分享的完全免費的線上心智圖軟體：Mind42。我曾用來規畫自己小型圖書館的書籍分類，比過去嘗試過的幾種方法都來得更有效。

東尼·博贊就是心智圖的開山元祖，本書可以幫助新手建立正確觀念，點破老手盲點。端倪別人十張心智圖，不如自己畫一張，繪製心智圖讓我們熟悉駕馭所需要的各領域知識，有效率的學習，才能培養出因應社會變動的能力，讓我們不被淘汰，還能拉人一把，創造共好！

本文作者為醫師，曾任專欄作家、企業講師。部落格：楊斯棓醫師的咀嚼肌。

推薦序四

熟練心智圖法，連注意力缺失症都能專注

八度榮獲世界記憶大賽（World Memory Championships）冠軍及暢銷書作者／
多明尼克・歐布萊恩（Dominic O'Brien）

我運用心智圖法已有多年。我如今環遊世界，對商學教授、一般大眾及所有聽眾講授課程，讓他們了解，如何在個人與專業領域提升記憶及認知能力。然而，小時候我曾被診斷罹患讀寫障礙、難以集中注意力——至今在某種程度仍如此，我發現心智圖法是讓我免於「注意力缺失症」（Attention Deficit Disorder，簡稱ＡＤＤ）困擾，一股很好的力量。簡單說，心智圖法讓我不至於偏離正軌。

心智圖是專注在處理資訊、建構行動計畫，以及開啟新計畫的一項強大工具。事實上，心智圖法可以說是一隻巨大的手，引導我們生活中各個面向。

東尼的新書《世界最強思考武器——心智圖》不僅提供讀者改變生活的方法，也帶領讀者參與生氣盎然的全球社群。書中援引的故事與例子，說明了心智圖法如何風靡全球，它能應用於各行各業。這些心智圖者的共通點是，這項思考工具為他們帶來數不清的好處，也願意與其他人分享。

非常感謝東尼發明了心智圖，也將這本新書推薦給任何想改善思考方式的人。

作者的話

現在你的研究方法，是否令自己日漸笨拙？

「我想找如何運用大腦的書。」

「找一下那區，」圖書館員指向某書架上的書說：「在中間那裡。」

「不，」我回答：「那裡的書我已經找過了，我並不是想了解如何動大腦手術，我只是想了解如何運用它。」

圖書館員一臉茫然的看著我：「我們恐怕沒有任何關於那類主題的書，」她說：「這裡只有教科書。」

我帶著沮喪、不可置信的心情離開圖書館。在大學二年級時，我遍尋一種新方法，試圖紓解我在學術領域與日俱增的工作量，因為我當時使用的研究方法，沒辦法引導我想要的結果。事實上，我記的筆記越多，就越覺得當下的做法錯了。儘管那時我尚未意識到線性思考（linear thinking）的局限，卻知道這個我所謂的「問題」，其實揭示了驚人的機會。如果市面上沒有教導大眾如何運用大腦的書，那就說明該領域存在極大的研究潛力。

接下來幾年，我潛心研習心理學與通識科學、神經生理學、神經語言學及語義學、資訊理論、記憶及有助記憶的技巧、理解力與創意思考。我漸漸了解人類大腦如何運作，以及怎樣的環境能讓它展現最佳效能。

諷刺的是，這些研究也點出了我自己研究方法上的瑕疵，因為我逐漸清楚我的課堂筆記是以文字為主，既單調又無趣；那種線性形式除了成功訓練我自己變笨之外，根本沒有任何好處！所謂熟能生巧是，如果你保持練習，自己便會日臻完美；反之，如果你笨拙的練習，便會令自己日漸笨拙。當我投入越多時間練習線性、單調的寫筆記，那我就是在讓自己變笨！無論是思維還是行動，我都亟需改變目前慣用的方法。

在研究大腦的結構之後，我有了顯著的發現。我們至少擁有上千億個腦細胞幫助我們思考，這個結論激發我的靈感。每個神經元的觸角像樹枝般，從中心向外延伸出去，我覺得這一點很迷人。我意識到可以利用這個模型，創造一套終極思考的工具，像示意圖般。

這一點對放射性思考（radiant thinking，第四十八頁）的發展有很大的貢獻，我借助它的力量，最後終於讓心智圖誕生了。

簡言之，心智圖是一種錯綜複雜的示意圖，它將腦細胞那種，觸角自中心延伸出去的結構呈現出來，隨著產生關聯的類型而持續演化。不管怎麼說，心智圖自一九六〇年代出現之後，便被證實為一種**更為優越的筆記方法**：它是一種既有效率，又深深啟發靈感的方法，豐富我們飢渴的智力、理解力與精神。如你在本書可以看到的，心智圖迅速崛起，可應用在許多地方——從助長創造力及強化記憶，到對抗老年痴呆。

多年來，心智圖受到部分人士的誤解，也曾遭人扭曲。然而我堅持我的版本必須讓每個大人、小孩都可以理解，什麼是心智圖、它如何運作，又是怎麼將它應用於生活的各個面向。

撰寫本書的目的在於要讓你了解，為什麼一幅好的心智圖能使個人更加豐富，以及心智圖本身是如何持續成長、擴展並演化，以迎擊我們總會遇到的新挑戰。

隨著時間遞進到科技日新月異的現在，我們可以採新形式取得並利用心智圖。你不僅可以用手繪製，也可以透過電腦程式、縮短時間，這種程式可從網路取得、在北極雪地裡被追蹤到、被裝飾在山的兩側，甚至被無人機蝕刻在空中。

和我一起加入這場大冒險，準備好釋放你的心智力量，讓它觸及你過去從不曾體驗過的領域吧！

導言
你為什麼需要這本書？

心智圖是一種革命性的思考工具，若掌握箇中訣竅的話，將為你的生活迎來轉變。你可以使用這個工具來處理資訊、發展新點子、強化零散的記憶、吸收更多課堂上的知識，連同你的工作方式一併改善。

一開始我設計這套心智圖，是為了開創一種可用於任何情況的筆記方式，因為線性筆記往往只適用於課堂上、商場會議、進行研究與調查……目的。不過，我很快的發現，我們也可以把心智圖**套用到創新的設計與規畫，或是於針對某個主題作摘要**；或用於推廣新的計畫、**找出解決方案**等，最後，讓自己脫離低生產力的思考方式。閱讀這本書，許多令人振奮的心智圖範本將會讓你知道從何開始。它們可以好好鍛鍊你的大腦，進而讓你思考得更有方向、多元、深化。

各位讀者透過本書可以了解，心智圖法如何協助你運用你的多重智慧，且挖掘你真正的潛能。這本書裡的實務練習，是專為訓練你廣泛思考而設計的，你會看到其他人的真實經歷，包括大師級心智圖者；還有世界上、各個領域中的知名專家和先驅。

你的大腦是沉睡中的巨人，《世界最強思考武器——心智圖》現在就幫你喚醒它！

一種新的思考方法

一九六〇年代，我向世人介紹心智圖時，我對於未來並沒有想太多。初期，我深入研究人類思考，便是使用心智圖法的早期原型，來改善我的研究。那是一種結合文字與顏色的筆記方式。當我開始在筆記上圈出關鍵字，我意識到它們所占的空間，只用了我採文字記錄的筆記的十分之一。甚至，這些關鍵字還揭示核心觀念。在我完成對古希臘人的研究之後，我知道我必須找出一種，連結各個關鍵字的簡單方式，唯有如此我們才能更隨心所欲的記憶。

古希臘人曾發展出幾種精密、複雜的記憶系統，讓他們能將成千上萬件事情都記錄下來。這些系統借助想像及聯想之力，透過像是「位置記憶法」（method of loci）❶將每件事物之間的關聯找出來。這是古希臘人為了改善其記憶力而發明的，又稱為「記憶旅程」（memory journey）、「記憶宮殿」（memory palace），或「心智宮殿技巧」（mind palace technique）。

我是在研究人類思考流程的那段期間，接觸到位置記憶法的，但是我大學入學的第一天，無意間認識另一種記憶術，叫做「主要系統」（major system）——這是由德國作家及歷史學家約翰·賈斯特·溫克爾曼（Johann Just Winckelmann，一六二〇年～一六九九年）發展出來的語音記憶法。大學第一堂課，一位身材像桶子的教授步入教室。他頭

①譯註：或地點（places），源自拉丁文loci。

上冒出幾撮紅髮、臉上掛著冷笑、雙手在背後緊握，接著，精準無誤的喊出一整排學生的名字。如果有人缺席，他會喊出他們的名字、他們父母的名字、他們的生日、電話號碼及住址。結束後，他挑眉、還一邊冷笑的看著我們。他不把學生當一回事，但他是一位令人驚嘆的老師——我的目光離不開他。

如何建構「記憶宮殿」

根據羅馬辯才無礙的雄辯家西塞羅（Marcus Tullius Cicero，西元前一〇六年～西元前四十三年）所述，希臘抒情詩人及智者（sophos）西莫尼德斯（Simonides of Ceos，西元前五五六年～西元前四六八年）發明了位置記憶法，又名空間式記憶技巧。

西塞羅在《論雄辯家》（*De Oratore*）一書中，描述西莫尼德斯出席一場盛宴時，如何即興作一首詩來向主人致敬。開始作詩之後沒多久，他被叫出場外。他才一離開，宴會廳的屋頂突然倒塌，其他賓客都不幸罹難。他們的大體受損而無法辨識。問題大了，因為唯有一一辨識出這些賓客，才能為他們處理後事。這時，西莫尼德斯依視覺記憶畫出每位賓客坐在宴會桌的位置，每一具大體才彼此區分出來。

西莫尼德斯因此了解，任何人都可以藉由選擇地點並在大腦建立圖像，改善他們的記憶範圍。**如果圖像是以某種順序儲存在視覺化空間，那麼人們便只須藉助聯想，就有可能記住任何事情。**許多古希臘與羅馬的修辭學著作都描述過位置記憶法，即今天我們所說的「記憶宮殿」。

在那堂課之後，我問那位教授是如何培養出令人驚豔的記憶力，結果他只是簡單回了我一句：「孩子，我是天才。」接下來三個月，我鍥而不舍的糾纏他，直到有一天他終於決定告訴我們這個祕密，他將「主要系統」傳授給我們。這套記憶技巧利用了一種，將數字轉換為語音的簡單規則。那語音接著被轉為文字——再將那文字轉為圖像，安置於記憶宮殿裡。

我記筆記的新方法，是立基於我對記憶系統日益增加的理解，並運用顏色凸顯出互為相關的觀念之間的連結，藉此簡化古希臘人的實務。儘管當時心智圖尚未發展成熟，但它的效果顯然超越了單調的線性筆記——相較之下，線性筆記採單一色調、單一調性，且缺乏變化。如果你記筆記只用藍或黑筆，頁面呈現的效果就無趣得很，那意味著，你的大腦將斷線、變得遲緩，最後陷入昏睡。這正好可以解釋，為什麼「昏睡症」都是在自習期間、圖書館，還有開會時發作。

我為這項新方法帶來的成果感到開心，於是開始教導學生這套技巧。我有許多門生曾經一度被視為課業失敗的人，後來因為這個方法，他們的成績很快的改善，接著就超越他們的同儕。本人有幸親眼見識這些過程，很是欣慰。

下一步

在發展心智圖的後續階段，我開始更深入思考駕馭我們思考模式的階層，我意識到「關鍵想法↓關鍵**關鍵**想法↓關鍵**關鍵關鍵**想法」的存在。

竊竊私語「博贊示意圖」

杰茲．摩爾（Jezz Moore）出席一堂名為「博贊示意圖」（Buzan Diagram）的新學習方法時，還是一位為課業苦惱的大學生。

講師正解說，先在一張紙的正中間寫下某項主題，接著在四周寫下關鍵字與提示，並且畫線、把它們串聯在一起，如此一來，就不需要勉強吸收複雜的清單。

這套方法簡單明瞭、而且馬上見效，讓杰茲驚喜不已。他從一位後段班學生，轉變為大學雙修經濟、政治學，後來取得了企業財務學士後文憑，甚至進一步取得企業管理（MBA）碩士學位。

幾年後，他參加一場划船俱樂部晚宴。當話題來到學習與教育，杰茲非常熱衷於分享改變其成就的心智圖，開始對隔壁桌的客人滔滔不絕「其實變聰明很簡單」。他還告訴那位客人，如果他說得太快，請隨時打斷他。他一邊解釋這項技巧如何運作，一邊在餐巾紙上畫了一幅示意圖：「你看，這就是博贊示意圖」。當談話停頓了幾秒之後，那位賓客開口了：「你知道我就是東尼・博贊嗎？」

我很高興從杰茲口中，聽到我的筆記方法幫助他改變生涯；從那次之後，杰茲和我就成了最好的朋友。接下來幾年，我利用心智圖法技巧協助杰茲教導運動員，這群運動員當時正要代表大不列顛參加划船比賽，最後成為奧運奪牌選手。

就這樣，我發現了放射性思考的力量。我將在第一章詳細說明。隨著我的理解越深入，我開始利用箭頭、代碼及曲線等連接方式，建構心智圖的結構。有一次我和澳洲景觀藝術家洛琳・吉爾（Lorraine Gill）一同出席一場重要會議，那個經歷幫助我確立接下來的幾個步驟。她要我重新檢討影像、顏色在心智圖上扮演的角色。她的見解啟發了我，之後我便將圖像完全納入心智圖。

當我拿我逐步成形的技巧**與歷史人物的筆記互相對照**，像是李奧納多・達文西（Leonardo da Vinci，一四五二年～一五一九年）、米開朗基羅（Michelangelo，一四七五年～一五六四年），以及科學家居禮夫人（Madame Curie，一八六七年～一九三四年）、阿爾伯特・愛因斯坦（Albert Einstein，一八七九年～一九五五年），我發現**他們在運用圖片、代碼及連結線上，有異曲同工之妙**：他們的文字與示意圖向四方散開、擴及整個頁面；他們的思緒不設限的朝任何方向擴散，而不是固定在一條水平直線上。（參見第六十一頁「心智圖的思考方式，其來有自」）。而我身旁有越來越多學生、客戶與同事的真實體驗都顯示，這項技巧如此親近，它幫助各階層、各領域的人：即便你不是天才、你不曾有過開創性的發明，也都能從這項技巧中獲益。

心智圖有助於分析，任何問題都因它迎刃而解。透過挖掘出細節之間的邏輯，心智圖探討的是事件核心；它使你看到更大的格局，它一方面是微觀、另一方面是宏觀。

保持心智圖自然

我已提過，我在研究過程中，被大腦細胞的特徵所震驚：以示意圖的形式來做筆記，簡直是在**模仿神經元的有機結構**。

思索這個巧合時，我讓自己走到戶外，每踏出每一步，我的思緒、想像便更暢行無阻。我漸漸明白，我們人類是大自然的一部分，我們的思考及筆記，也應該在某種程度上依循大自然：我們應該在人類所有機能中反映大自然法則，尤其是把腦中思考呈現於外時。

我逐步將這套技巧具體化、成為一種思考工具，讓它可以應用於人類日常活動，而且使我們思考流程的創意視覺化，結果就是本書要介紹的正宗心智圖。

傳統筆記法 vs. 心智圖法

左頁圖表 0-1 分別顯示出傳統的線性筆記、心智圖法的幾項主要特徵。

心智圖的未來

如今，全世界都已熟悉心智圖法這個概念了。除了心智圖法研討會，英國、新加坡、中國等許多國家都曾舉辦「世界心智圖法錦標賽」（World Mind Mapping Championships）。比賽期間，各式各樣的學科都被加以測試。例如，參賽者得一邊聆聽

圖表0-1　傳統筆記為什麼無用？

傳統筆記法	心智圖法
線性	多重面向
單一色調	五顏六色
以文字為主	文字結合圖片
羅列式邏輯	關聯式邏輯
有先後順序的	多元的
約束的	富於想像的
缺乏組織	有助於分析

陌生的主題的演講，一邊完成心智圖。然後，再依據二十項不同的標準計分，像是圖像的影響、幽默的運用（例如雙關語）、心智圖的吸引力，以及它的獨創性。還有，它是否遵守心智圖法則。

心智圖廣為流傳，改善了全球腦力認知，我們可以假設，心智圖法的演進已告一段落——心智圖是受到保護且安全的，而且沒什麼修正的空間了。可惜，事實不是這樣。

我希望所有人都能從心智圖法獲益，儘管這個夢想已有某種程度的體現，但還是有些問題尚待解決。過去幾十年來，心智圖不時被某些聲稱受過心智圖訓練的人士誤解、盜用。這些人對心智圖流程的理解有瑕疵，他們對外傳授的實務，也違反本書第二章關鍵的心智圖法則（參見第八十四頁）。當**心智圖法被錯誤傳授**，我必須說，心智圖的完整性及其效果，都會大打折扣。

所幸，心智圖可說是一項健全的實體。它畢竟是思維演化的一種形式，而且完美適應數位時代、更甚未來的需求。

如何利用這本書

本書將告訴讀者如何利用這項強大的工具來改善現狀，讀者可以從頭到尾讀完它，也可以把它當成參考資料隨意翻閱。接下來我們會聊到：

第一章：讓讀者了解基本心智圖的重要原理，闡述心智圖法的必備要素，並解釋它為何有效。本章也會概述心智圖的發源、在哪個時代盛行。

第二章：提供給讀者實務練習、實用的提示與訓練，讓讀者熟悉心智圖法。它闡述心智圖法則，接著檢視心智圖於日常生活中的實務應用，包括家庭、工作、教育、創意、身心福祉與記憶等。

第三章：釐清什麼是心智圖、什麼不是心智圖……一些常見的錯誤觀念，目的是要清除使用這項工具時面臨的任何困惑。

第四章：當你嘗試建立心智圖，卻又好像無法順利完成的時候，本章告訴你可以採取哪些步驟。它試圖解決像是心智圖法及猶豫不決等相關議題，並提供心智圖法練習。

第五章：解釋心智圖難以置信的範疇，及其進階應用。本章提供進一步的指南及啟發靈感的見解，讓讀者得以運用心智圖來改變自己的生活。

第六章：思索數位時代下的心智圖法，以及它與人工智慧的關係。

我無法想像沒有心智圖的人生。我每天都會用到它，無論是授課、安排週計畫，或是寫文章、寫書！它以超乎我想像的方式改變了我的世界。我相信對你而言，心智圖會帶來一樣的效果。

對完全不熟悉這項技巧的讀者，你將發現一個之後會讓你欲罷不能的工具！而對已熟悉心智圖法的讀者來說，儘管本書並非打算重塑一套心智圖技巧，但是我確實會加入新工具，帶領讀者前往你未曾想像過的領域。

現在，是時候展開你自己的心智圖法探險了，接著你會發現，自己的大腦蘊藏無限的力量……。

第 1 章

什麼是心智圖？

本章將帶領讀者進入心智圖的精彩世界。

讓讀者了解什麼是心智圖、

這項工具的組成要素，

還有建立心智圖的基本步驟。

你將了解心智圖如何和人類大腦的運作產生關聯。

更重要的是，

心智圖將會解放你真正的潛能。

全腦思考

心智圖的美觀及其帶來的成效，都取決於它的簡單程度。在紙上，它把資訊以多種顏色記錄於一張紙上。不過，這項工作與大腦皮質（cortical）的運作息息相關。它啟動「全腦」（whole-brain）思考，同時發揮出左腦主導的邏輯，以及右腦的創意。

「大腦分兩邊思考」這個概念，一開始是美國藝術家貝蒂・愛德華（Betty Edwards）在其著作《像藝術家一樣思考》（*Drawing on the Right Side of the Brain*）提出的。這本書是於一九七九年出版，是愛德華博士依據她對神經科學（neuroscience）的理解而寫就的，其中以羅傑・沃爾科特・斯佩里博士（Dr Roger Wolcott Sperry，一九一三年～一九九四年）榮獲諾貝爾獎的研究主題為主。

愛德華利用這些理解，引介一種革命性的繪畫與教學方法。她認為，大腦有兩種感知與處理事實的方法：左大腦掌管語言與分析，而右大腦主宰視覺與感知。她的教學方式是依繞過善分析的左腦的審查，進而釋放右腦的表達能力而設計的。她隨後創辦「腦半球研究教育應用中心」（Center for the Educational Applications of Brain Hemisphere

圖表1-1　受左腦及右腦掌控的功能

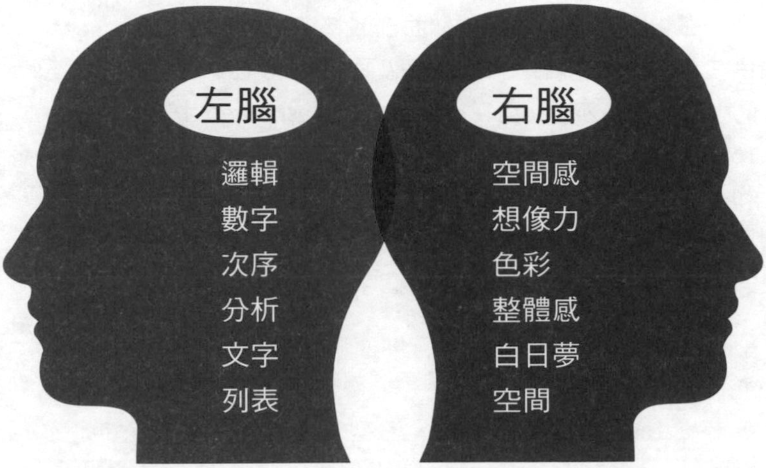

Research），她的研究至今仍影響世界各地的藝術家與教師。

如何繪製心智圖

那麼，心智圖法實務上看起像什麼呢？讓我們從建立一幅基本的心智圖開始吧。首先，你需要：

- 一大張白紙。
- 幾枝色筆或色鉛筆。
- 一顆大腦。
- 開放的心。
- 想像力。
- 一個你想要探索的主題。

圖表1-2　製作心智圖步驟

第一步

取一張紙橫擺（水平）在你面前。接著，用3種以上的顏色在正中央畫一個圖，就是你想要探索的題目。這一回我們就舉威廉・莎士比亞（William Shakespeare，1564年～1616年）的劇作為例。

如果你不想畫莎翁的頭像，也可以畫羽毛筆，或以其他簡單符號替代。中央圖像會啟動你的想像力、觸發大腦之後的聯想。如果你想在中間放一個字，那就以立體效果呈現，再結合一個圖像。

第二步

挑選一個顏色，並畫一個較粗的分支從中央圖像往四周延伸，就像一顆大樹的枝幹。你可以畫兩條線自中央放射出來，然後在個別的尖端處連接起來。讓分支有組織的彎曲，這樣大腦會更感興趣，幫助你記下分支上的資訊。為分支加上陰影，它的厚度代表這項聯想在你心智圖階層裡的重要性。

第三步

以大寫字母的一個單字標註該分支，由於這個心智圖是關於莎士比亞的劇本，你可以將第一個分支標註為「喜劇」（COMEDY）、「悲劇」（TRAGEDY），或「歷史劇」（HISTORY）。除了標註一個單字，你也可以畫一個笑匠面具、一把短劍、一頂王冠。

1

2

3

喜劇
仲夏
夜
之夢
馴悍記
莎士比亞

4

生活
喜劇
仲夏
夜
之夢
馴悍記
詩集
悲劇
史劇
莎士比亞

5

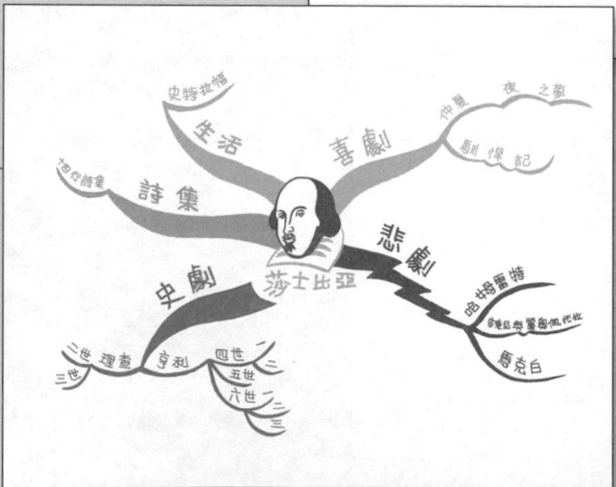
史特拉福
生活
喜劇
仲夏
夜
之夢
馴悍記
詩集
悲劇
史劇
莎士比亞
哈姆雷特
馬克白
理查
亨利
四世
五世
六世

6

第四步

接著，從主分支再延伸出第二層分支、再從這第二層分支延伸出第三層分支。在各個分支寫下關鍵字／畫符號，或兩者並用。每個符號都有屬於自己的分支。不需要倉促行事：剛開始，留一些分支空白沒關係，留白，會鼓勵你的大腦去填滿它。

第五步

挑選另一個顏色，一樣從中央圖像往外延伸、建立你的下一個主分支（許多初學者可能覺得沿著中央圖像順時鐘方向畫最容易，不過這是依每個人習慣不同而異）。一樣，從新的主分支再延伸出第二層、第三層分支，並逐一標示繼續增加主分支，直到畫約5～6條主分支為止。

第六步

現在，有了你的主分支，你可以隨意在心智圖上作業，從這個分支跳到下一個分支，填滿缺口，一旦你的腦海裡碰出新的想法與聯想，隨時可以畫新的次分支。

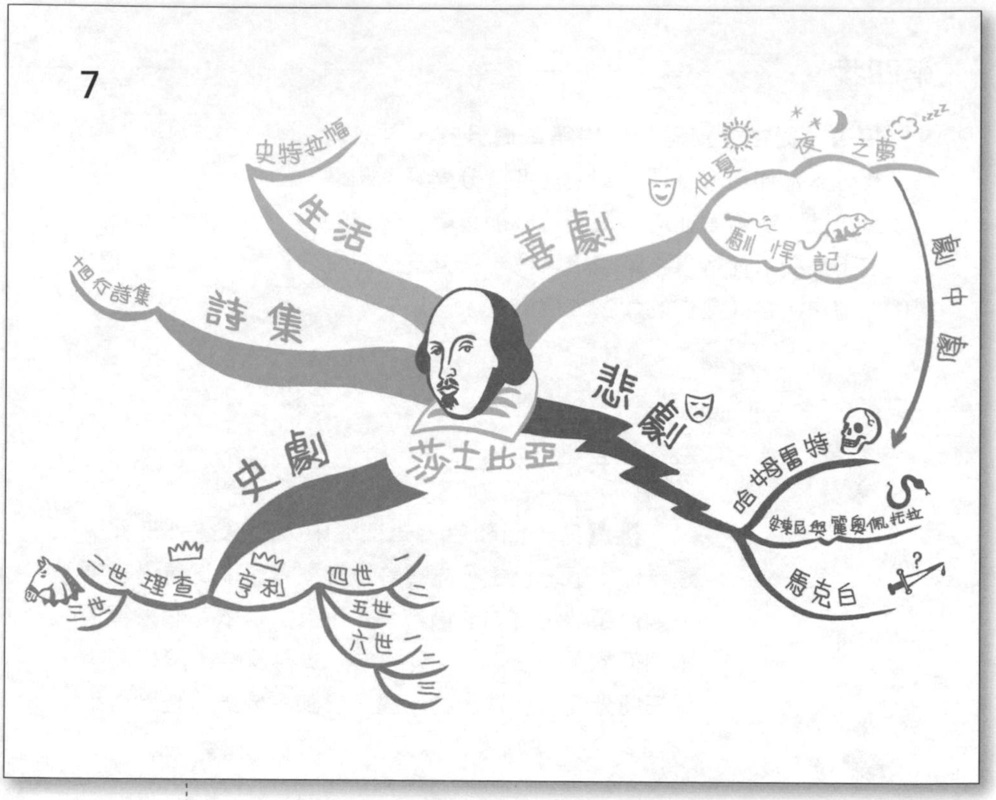

第七步

如果你想要的話，在主分支之間加入箭頭、曲線或連結線，強化每一條分支之間的連結。

完成！這是你的第一張心智圖。

一張好的心智圖必然有三項特徵：

一、一個中央圖像，記錄此時考慮的主題目。比方說，如果你打算利用心智圖規畫某項專案，你可以在紙張的中央畫一個資料匣。一幅好的心智圖與藝術天分無關。

二、每一條較粗的分支開始從中央圖像向四周放射。這些分支代表與主題高度相關的題材，為每項重要題材添加不同顏色。接下來，主分支長出次分支——你可以稱它為分支，第二層分支、第三層分支，代表更深一層的關聯題材。

三、在每個分支旁標註一個關鍵圖像或文字。

進一步發展

我在這裡引用的例子仍有無限擴展的空間，可以涵蓋莎士比亞的三十七部劇本、十四行詩及敘事詩……所有作品，以及幾項與他的生活、時代相關的重要事實。如果你想更了解這位劇作家，或你喜歡挑戰，你可以獨立完成一張心智圖。一旦你記住這張心智圖中的資訊，今後你對這位世界最知名作家之一的各項事實，都能信手拈來！

心智圖法同時運用大腦的兩邊，因此它既具備多重功能，又適用於所有認知機能，包括記憶、創造力、學習及所有思考形式。這是它被冠上「大腦的瑞士刀」之稱號的原因之一，它既實用又有趣！

必備的要素

我們已經看到心智圖如何從單一中央觀念出發，持續的往各個方向發展，讓我們找出新的關聯性，而且以令人印象深刻的方式，強化不同概念之間的連結。不過，心智圖法能成為如此強大的思考工具，究竟它具備了什麼關鍵要素？

儘管我們已經簡單提及其中幾個要素，仍必須再深入探索這些關鍵要素，包括放射性思考、非線性有機流（non-linear organic flow）、顏色、圖像及文字。

放射性思考

放射性思考是構成心智圖，不可或缺的一環，但是在我們深入探索它之前，我想先問讀者一個問題：

你初始的語言是什麼？

別太快回答，而且要有心理準備：你的回答可能是錯的。

現在，我就介紹你一種很棒的心智遊戲，它已經改變世界上數千萬人的生活……。

當我問你上面那個問題時，重新思考你的答案。在所有的可能性裡，你給的答案都是錯的。你的初始語言不會是英文、荷蘭語、廣東話，或七千九十六種被列入「民族語」❷（Ethnologue）的其中一種語言。

初始語言是人類語言，它是所有人類共有的，也是胎兒打從還在子宮裡的時候，就在使用的自然語言！

②譯註：全世界的語言，又譯為「民族語言網」。

事實上，打從出生，我們便相當熟稔人類語言。當嬰兒長到差不多四個月大，他們的注意力開始集中於距離二十~二十五公分的物體——大約是與父母臉部的距離。對多數嬰兒而言，他們世界裡的第一個中央圖像，是母親的面貌，散布於中央圖像周圍的是，諸多與食物、愛、溫暖、健康、睡眠及存活等相關的聯想。按照這種說法，我們從出生起，便下意識的透過心智圖法感知這世界。

人類語言是大腦運作使用的語言，它的形成**主要是結合「想像」及「聯想」的力量，加上「地點」的次分支**（地點的重要性解釋了，分支在你心智圖裡的位置，確實有助於你記住它）。

自我檢查練習

等一下我會給你一個字，請閉上眼睛、啟動你大腦的超級電腦。然後，當你讀了那個字之後，看看自己花了多少時間了解它、大腦找出什麼相關資訊、有什麼相關的顏色或聯想。開始吧！

你拿到的字是：

PINEAPPLE（鳳梨）

你的超級電腦是否能精準無誤的拼出這個單字？

P-I-N-E-A-P-P-L-E

我猜不盡然……

快速寫下你對下列問題的回應：

- 你的超級電腦告訴你什麼？
- 你的超級電腦花多少時間才得到這個資料？
- 它給你什麼聯想？
- 你腦中是否浮現出其他東西？
- 它讓你想起什麼顏色？
- 它是否讓你想起了，像是觸感、味道、氣味或地點？

我預計你的腦海將浮現出一幅圖片，或甚至是一組有多重感知聯想與顏色的圖像。

確實如此的話，那麼歡迎你來到人類世界！

任何說的、寫的語言，都是美麗、重要，且不可或缺的。不過，它們都屬於第二語言或次要語言。**由想像與聯想形成的人類語言，才是我們人類的初始語言**。蒲公英的外形代表你的大腦及其他人的大腦如何思考。

你對「pineapple」這個單字的反應，衍生出許多自然出現的聯想，這展現了大腦賦予思想、記憶與創意無限多機會的方法。你的思考是放射性思考！它有無限多條的放射線，每條放射線都可以再細分出無限多條放射線。

心智圖讓想法自核心概念放射出去，此舉鼓勵你針對某項概念獨立思考，而不是立基於他人的觀點。放射性的結構，讓它更容易聚焦在心智圖不同分支之間的連結，也更容易突破既有思考、填補任何空白，這樣的習慣鼓勵我們保持具創意的深度思考。

圖表1-3　思考就像蒲公英

就像蒲公英頭部成群的小花，你的思考是朝外放射，從這些聯想延伸出那些聯想。

蘇格拉底，雅典的牛虻

古希臘哲學家蘇格拉底（Socrates，西元前四七〇年～西元前三九九年）留下一句名言：「渾渾噩噩度日的人生不算是真的活著」（The unexamined life is not worth living.）。儘管有人認為蘇格拉底看起來不像人，倒比較像薩堤爾[3]（satyr）；但有人提出異議，認為蘇格拉底的心智光輝顯赫。他挑戰雅典人民深入思考，就像牛虻一樣執拗於完成它的任務。

蘇格拉底讓人們見識到一層又一層的探索一個點子，是具備價值的。透過它所有交錯的支脈，堅守某項論述的原理，也是構成心智圖的基礎，心智圖可以利用其分支，讓某個想法具體成形。

人類語言可以被具體化，
而當它以最純粹的形式被具體化時，
我們得到的便是心智圖。

非線性有機流

我先前提過，我學生時期如何意識到，**線性筆記法是種有效讓自己變笨的工具**。線性思考——像是以線性順序增添新的項目到清單當中，實際上是為一個人的思考畫出限制。當這張清單越列越長時，你的創意可能會開始枯竭，你原有的想像力、創造的機會趨於停擺。長久下來，線性筆記法非常可能會侵蝕你接收、儲存可得資訊的能力。

③譯註：古希臘文學中半人半山羊的神，嗜酒好色。

人類大腦的思考模式既不像工具欄、選單，也不像清單一般，它是有機的。

想像葉的葉脈、樹的樹枝，或甚至是錯綜複雜的人類神經系統網絡：那正是大腦思考的模式。因此，若想思考得更透徹，大腦需要一種能夠反映自然有機流的工具——那正是心智圖結構成功之所在。心智圖標記了從線性（一維）思考到橫向（二維）思考、再到多維思考，或放射性思考過程中的下一步。

心智圖仿效大腦細胞無數的突觸（synapse）❹與連結，進而反映出我們自己被創造與被連結的方法（參見第七十七頁「內在心智圖」）。就像人類一樣，自然界不斷變化、再生，而且擁有一個讓我們看見自己的溝通結構。心智圖這類思考工具，便是善加利用這類自然結構的靈感與效力。上述特徵體現於它分支的曲線性質，如我們所見，曲線比直線更容易吸引大腦的注意。

顏色

當我還是學生時，我使用兩種顏色記筆記，相較於照筆記格式書寫的方法，這麼做能使大腦記下了兩倍以上的資訊量。為什麼？

我們的**右腦掌管顏色，文字則是由理性的左腦負責**。因此，結合顏色與文字，便促成大腦兩側同時運作。

除此之外，顏色的運用讓我開始**享受做筆記**的過程——趣味也是心智圖法的關鍵特點。顏色能刺激記憶與創意，讓我們從千篇一律的世界解放。它們為圖像增添生命，提高圖像的吸引力之後，大腦就願意主動探索這個事物，結果影響我們與其他人溝通的方式。許多研究皆顯示，縝密的應用顏色可以：

- 擄獲注意力。
- 大幅改善理解力。

④譯註：兩個神經元的相接處。

- 引發動力。
- 鼓勵活躍的溝通。
- 提升大腦處理、儲存圖像的能力。

顏色也可以像是一種代碼。如果你的心智圖使用特定顏色描繪不同區域與主題，你將**建立視覺速記**，你更容易記住心智圖中的資訊，更持續改善你的記憶力。

一九三三年，德國精神科及小兒科醫師海德維希·馮·雷斯托夫（Hedwig von Restorff，一九〇六年~一九六二年）做過一項調查。她發現如果物品能以某種方式，從周遭環境中凸顯出來，調查參與人會比較容易記住它。想像一下，在一列男孩的名單上，有一個以橘色強調的女孩名字「海蒂」，你可能最先記住這個名字，因為「海蒂」多為女性使用，顏色也不同，使它特別顯眼。

心智圖的顏色與符號可以產生類似的效果，用以啟動「馮雷斯托夫效應」（von Restorff effect），或稱「孤立效應」（isolation effect），讓不同分支以某種方式從周遭環境凸顯出來。

利用心智圖，讓你的人生多彩多姿。

圖像

小時候，我們通常是先學會畫畫、才學會寫字。人類標記繪畫（mark-making）的歷史和這個過程有異曲同工之妙。人類繪製的第一幅標記繪畫，是以洞穴藝術形式出現。再經數千年的演化，由象形符號（pictogram）與象形文字（hieroglyph），最後演化為如今的書寫文字。

大腦處理視覺資訊的速度，比處理文字快了六萬倍。此外，圖像不僅刺激想像，也是富於聯想的，並超越口頭溝通的限制。就像顏色一樣，它們鼓勵左腦和右腦相互協調，讓我們的語言技能與視覺技能達到平衡。此外，它們也利用其他皮質技能，像是形狀、線條及空間。

「一張圖片勝過千言萬語」，這句話已經由美國心理學家羅夫．哈柏（Ralph Haber）教授及雷蒙．尼克森（Raymond S. Nickerson）教授等人採科學方式驗證。圖像真的比文字更吸引大腦。為了讓圖像在你的心智圖裡發揮效果，要注意它看起來是否活潑；是否多彩、簡潔明瞭。

文字

一幅名副其實的心智圖，必須在分支上使用單一個字（英文單字），因為一個字的效果強過一個詞。一個單字會觸發與它相關的一組獨特聯想，進而產生新的想法。相較之下，一個詞有其固定的意義，不像一個字可以有無限聯想。

如果你覺得只找到一個詞來描述，那就把它拆開，讓那個詞裡的每一個字分別串在分支上，然後萌生它自己的次分支。但是無論如何，最好還是維持一個單字。

你心智圖的每個分支只附加一個字，會讓大腦準確思索該主題，深入事物的核心。它就像鉤子般，幫助你的大腦「勾住」記憶。

心智圖的思考方式，其來有自

就像任何革新、截然不同的事物會衝擊我們一樣，心智圖的出現並非全然出乎我們意料。我並不是某一天醒來、一時興起而發明了心智圖法。心智圖是必然的、人類思考的自然演化。

人類自古便不斷試圖運用圖像分享內心深處的想法，心智圖便是從那樣的過程衍生而來的。事實上，心智圖的起源可回溯至大約四萬年前，第一批藝術家謹慎的在洞穴牆上留下的、最早的標記。繪畫與文字書寫，都是為了讓思想變得可見，對這些實務的態

圖表1-4
手洞裡的掌形模板

阿根廷聖克魯斯省（Santa Cruz）手洞（Cueva de las Manos）裡的掌形模板，可能已有九千年的歷史。

度及它們之間如何平衡，影響了從古至今表達思想的方式——無論是石器時代還是二十一世紀。

洞穴藝術

符號表意（symbolic expression）是人類史上偉大的發明之一。最早，藝術是以掌形模板的樣式出現的。有一種理論提出，我們的祖先使用顏料，在山洞牆壁上勾勒手的輪廓，因而學會運用二維線條來代表立體物體。他們於是在山洞裡描繪出馬、野牛、鹿等動物的輪廓（見圖表1-4）。

蘇美人的楔形文字

西元前三五〇〇年，蘇美人（Sumerian）為了記錄收成的農產品與牲畜的細目，於是將數量記載於泥板上。這些象形符號形成了人類最早文字

圖表1-5
文字的基礎發源自蘇美文化

蘇美人以楔形文字製作行政管理紀錄，這是世界上最古老的文字。

的基礎（見圖表1-5）。

埃及人的象形文字

象形文字（hieroglyph）源自古埃及第二王朝時期（西元前二八九〇年～西元前二六七〇年），是以圖像為基底。雖然部分象形文字代表其描繪的物體❺，但是它更常被當作表音文字❻（phonogram），是指它利用聲音傳達意義，而不是形狀。這使得一個字視覺上顯示的意思，與它實際上代表的物體產生了歧義（見下頁圖表1-6）。

古希臘人

經過幾世紀之久，古希臘人不斷精煉他們思想的視覺語言，我們可以明顯從他們藝術的演進看出端倪；從「古風時期」（Archaic period）

圖表1-6　象形文字

埃及盧克索（Luxor）帝王谷圖特摩斯三世（Thutmose III）墓裡的象形文字。

靜態、形式化的裸體男青年雕像，演進到諸如西元前第四世紀雕塑家普拉克西特列斯（Praxiteles）、更為寫實的人體雕像。普拉克西特列斯被認為是史上第一位，以自由站立、真人尺寸的雕像表現出女性裸體的藝術家。

古希臘人用以解讀這世界的立體觀點，以及對我們立足於世界的質疑，都從許多思想家的作品反映出來，包括歐幾里得（Euclid，西元前三〇〇年）[7]、阿基米德（Archimedes，西元前二八七～西元前二一二）、埃拉托斯特尼（Eratosthenes，西元前二七五年～西元前一九四年）、蘇格拉底、柏拉圖（Plato，西元前四二九年～西元前三四七年）、亞里斯多德（Aristotle，西元前三八四年～西元前三二二年）及菲迪亞斯（Phidias，西元前第五世

⑤ 譯註：即為表形文字。
⑥ 譯註：借用幾個表形文字的讀音來表示其他概念。
⑦ 譯註：指曾任教於亞歷山大里亞大學的歐幾里得。

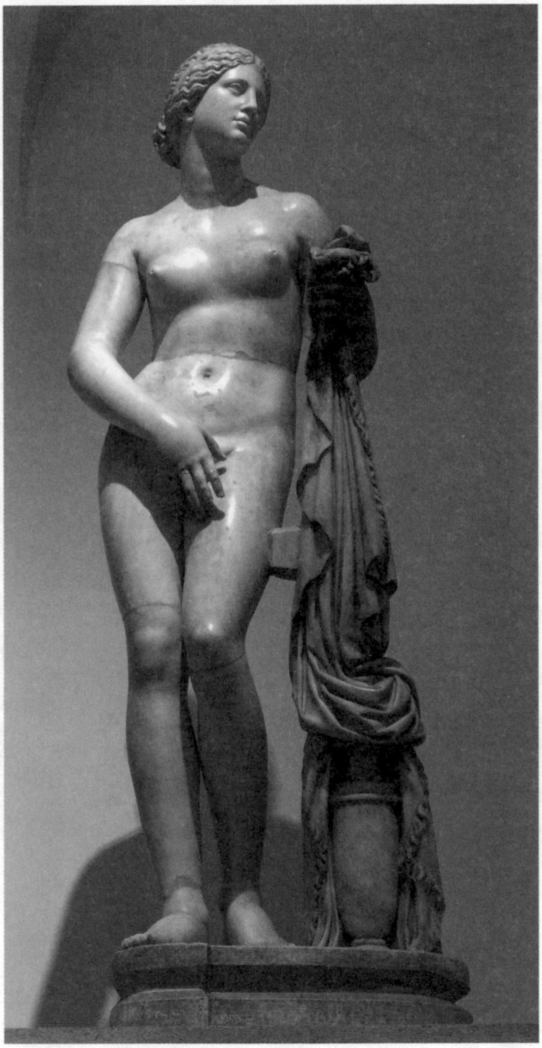

圖表1-7　真人尺寸的雕像

古希臘雕塑家普拉克西特列斯的「尼多斯的阿芙洛蒂忒」（Aphrodite of Knidos），羅馬時的複製品。

紀）。這些創新人士不甘於以表象價值來接納世界，他們不斷挑戰思考的極限，與現代心智圖的目的不謀而合。

樹狀示意圖

儘管羅馬帝國（Roman Empire）的殞落發於生西元第五世紀，拉丁語（Latin）之於西方思想仍是舉足輕重。基督教會統一採用、改編拉丁語之後，更強化了其在文化信仰上的優越地位，成為思想、創意與溝通的管道。不過，波愛修斯（Boethius，四八〇年～五二四／五二五年）等哲學家利用樹狀示意圖，像是波菲利之樹（Arbor Porphyriana），作為探討分類的教學工具；還有詳細闡述「葉瑟（大衛王之父）家譜系統

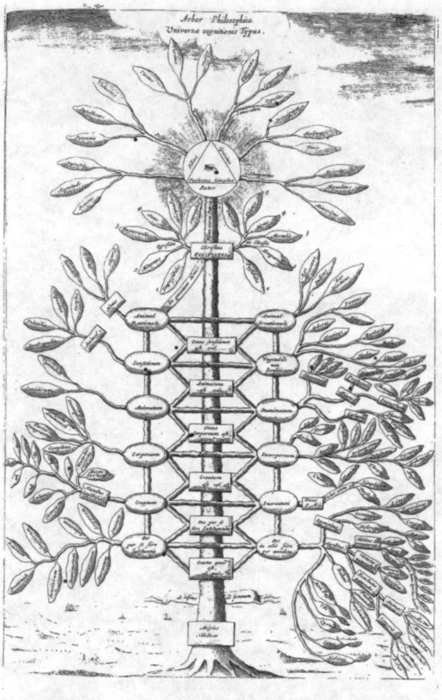

圖表1-8　第六世紀哲學家波愛修斯的波菲利之樹

哲學家利用樹狀示意圖分類。

樹」（Tree of Jesse，它列出耶穌基督的祖先）的中世紀畫作，這些都是為了幫助記憶並且結合了文字與圖像的方法。

李奧納多．達文西

文藝復興時期（Renaissance）的藝術家與發明家李奧納多．達文西在心智圖法的發展史占有重要地位。李奧納多的筆記草圖中，符號與文字並列，結合了想像、聯想與分析，顯示出其大腦如何全方位的支持他令人難以置信的創意。

查爾斯．達爾文

可能是最重要的心智圖前身之一，是由英國自然學家查爾斯．達爾文

圖表1-9
達文西的筆記

作於1480年，混合了文字、幾何形狀、圖像與符號。

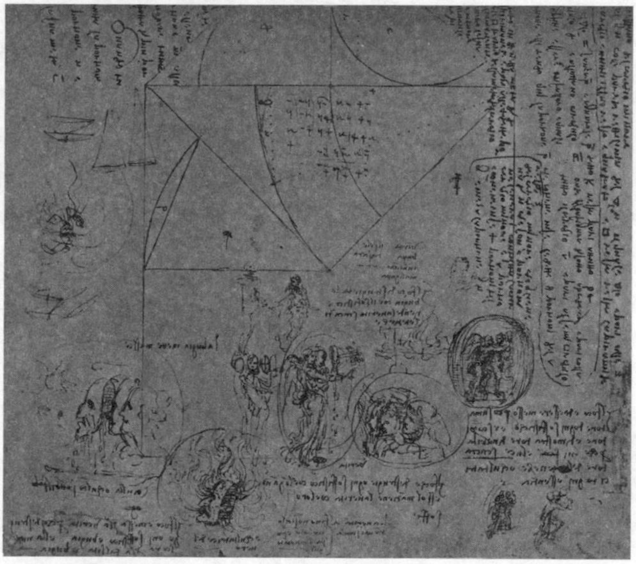

（Charles Darwin，一八〇九年～一八八二年）創造的。達爾文在「生命之樹」（Tree of Life）草圖中，初步描述了他認為藉由探討演化史，能找出不同物種之間意外的關聯。事實上，現代遺傳學家發現，物種雜交的機率遠比達爾文一開始設想的還高。這相互連結的想法從今日的心智圖反映出來，它是利用箭頭與線條，建立起不同分支之間的連結。

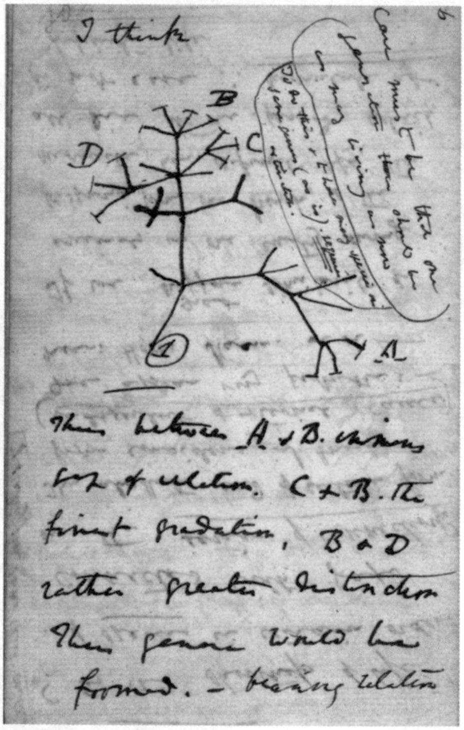

圖表1-10　達爾文的草圖

作於1837年，此作品首度探討他對演化樹（evolutionary tree）的想法。

阿爾伯特．愛因斯坦

一九二九年接受某報社採訪時，出身德國的美國理論物理學家阿爾伯特．愛因斯坦

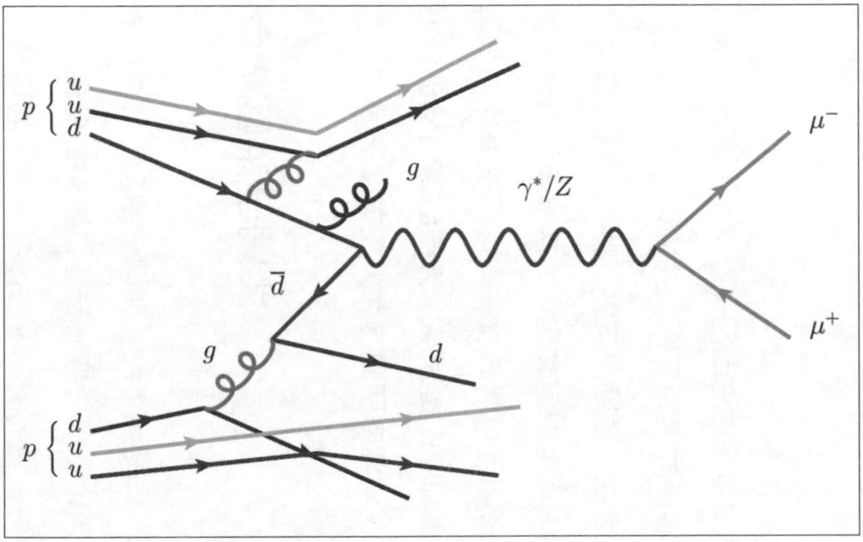

圖表1-11　費曼示意圖

描述次原子粒子的特性。

表示：「我就像一名能夠自由運用我的想像力的藝術家。想像力比知識更重要，因為知識是有限的，想像力無遠弗屆。」愛因斯坦的思想是以示意圖表述的、概要的，而不是線性、純文字的，這讓他成為二十世紀的心智圖法教父。

理察・費曼

一九四九年，美國諾貝爾物理學獎得主理論物理學家理察・費曼（Richard Feynman，一九一八年～一九八八年），公開發表他的第一幅費曼示意圖。當時還年輕的他了解，創意思考流程當中，視覺化、想像力是必要的，費曼同時自學繪畫。

他繼續構思以圖形來簡化數學公式的方法，用以描述次原子粒子的特性，即後來廣為人知的「費曼示意圖」。他如此重視這些示意圖，甚至他的廂型車內都隨處可見！

心智圖法的實務

經過這幾世紀，我們對圖像與文字的看法仍持續在演化。有一些徵兆顯示出改變，**主流的文字溝通形式，逐漸被視覺思考取代（表情符號就是視覺簡略表達的一例）**，那或許正在修正過去數十年所存在的不平衡。例如，在學術論壇的使用上，文字一般比圖像有更高的優先權——如我們看到的，只有幾個例外，是出現在費曼與愛因斯坦等大師的文稿。儘管如此，我再次強調，圖像的力量正展現在所有人的溝通方式：例如，我們越來越常用手機照相，隨即將照片上傳社群App，分享生活；我們思考、工作，也和世界各地的陌生人互動，因而越加仰賴科技，幫助我們跨越口語表達的極限。

藉由結合文字與圖像，即大腦天生結合邏輯、創意的輸入形式，反映出大腦的運作過程，針對全球化的二十一世紀，心智圖可說是完美工具。

有些心智圖非常簡單且直接，有些則極其精密。下頁圖表1-12就屬於前者，但確實是依據心智圖法則（參見第八十四頁）所作畫的，是一幅規畫假期的簡單心智圖。留意此圖上的每一個字、每幅圖像如何安置在該分支上，每個分支是以什麼標準來決定顏色，還有，這整幅用於規畫的圖像是多麼饒富趣味。這一切都捕捉了作畫者期待假期的心情，讓心智圖看起來既有趣，又容易記。

主分支是關於規畫一趟假期會有的考量：去哪裡、住哪裡、費用、如何抵達那裡，還有這趟旅程的主要目的為何。心智圖的次分支進一步鑽研所有牽涉到的細節——例如，將山區、城市、海邊納入可能去的地點，詳細分析住宿地點和交通選項。「費用」

分支的其中一個次分支「省錢方案」，檢視了什麼支出是不必要的，再透過箭頭指出，其他分支下比較便宜的選項。

如果你不確定你想要哪類假期，建立一張類似圖表1-12的心智圖，它能幫助你思考所有選項，包含衡量費用、目的等疑問，最後釐清自己真正想要做些什麼。

一張心智圖可以做到——

- 讓你清楚某一項主題，而且已有大致上、基礎的了解。
- 提供你會**需要的資訊**，幫助你提早規畫。
- 讓你充分**檢視整個局勢**。

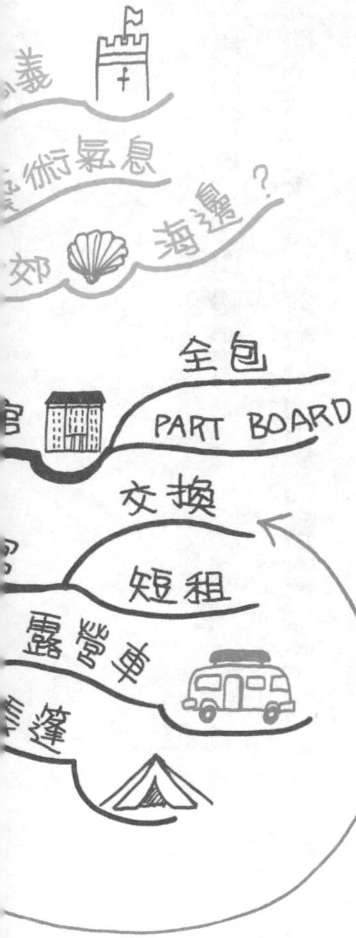

圖表1-12　規畫假期的心智圖

原來規畫活動也能饒富趣味。

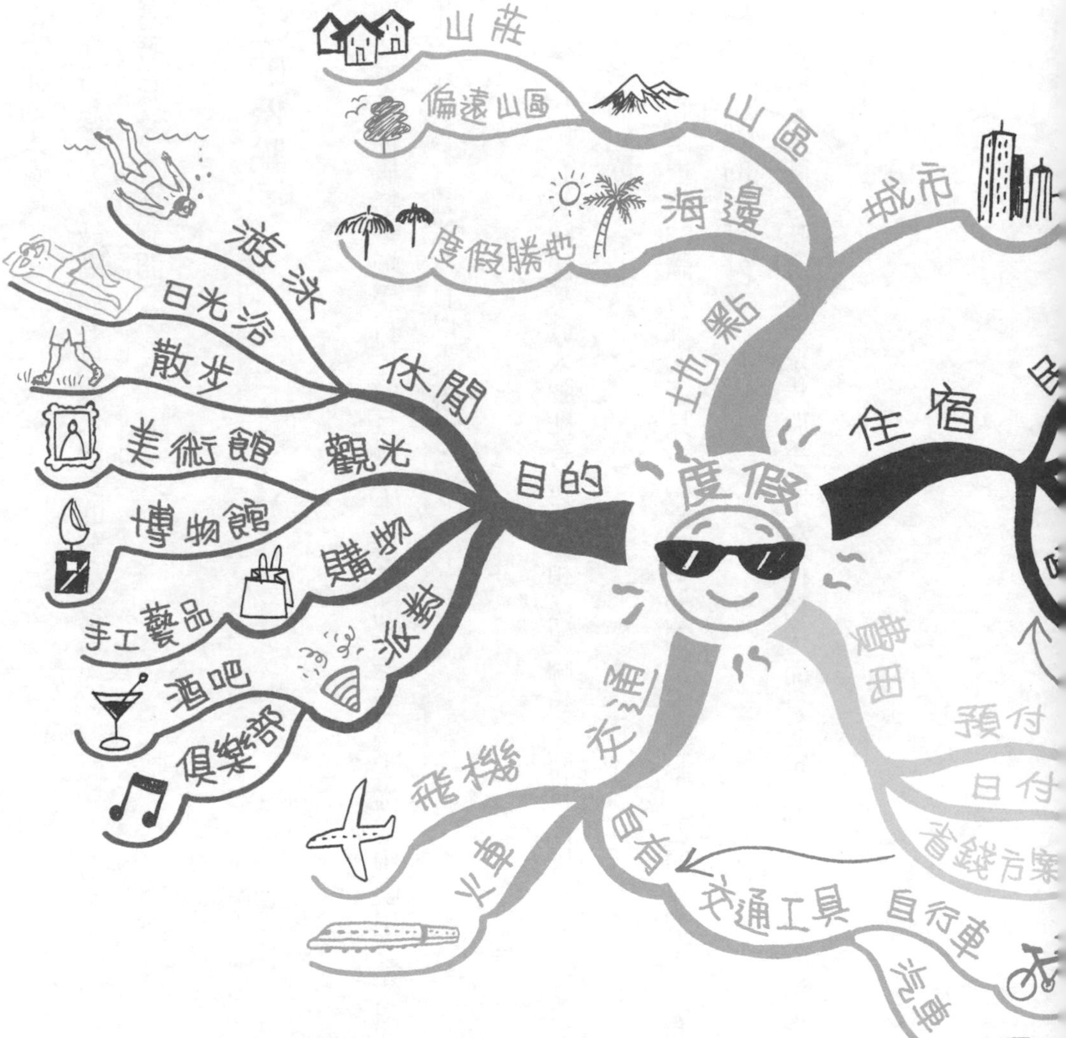

- 扮演資訊的大倉庫。
- 啟動你的想像力，鼓勵你尋找放入創意的解決方案。
- 光看著它就令人感到開心。

心智圖法的優點

心智圖法幫助你概括一項學科，而且過了一段時間，你能馬上從腦中喚出該學科的資訊。除此之外，心智圖法還有以下優點：

加強思考：利用心智圖法激發大腦擁有嶄新的想法與聯想，而且你思考的流程也會有視覺化、多彩的紀錄。

學習：心智圖是很棒的讀書輔助工具，相當適合在課堂上筆記、考前複習。它去蕪存菁，凸顯任何主題的關鍵分支。

專心：繪製心智圖意味著你得聚焦於手頭上的任務，而且必定能帶來更好的結果，吸引大腦不斷運作。

組織：利用心智圖籌劃派對、婚禮、家庭聚會，甚至你今後的人生。

規畫：利用心智圖法規畫日程、安排時間，而且它幫助你判斷多個待辦事項的重要次序。

溝通：直搗核心、精準溝通——心智圖揭示少數幾個你必須展現出來的重點。

演說：因為心智圖只用一張空白紙，你能一眼就看到關鍵資訊，讓你在會議上能清晰、放鬆且思緒活躍的簡報及演講。

領導：建立卓越的商業工具，無論是擬定議程、記會議紀錄，或主持一場會議。心智圖就像一處控制檯，讓你的內、外世界都合情合理。

訓練：拋開冗長的手冊吧！改採心智圖來寫訓練計畫。

談判：把你所有的選項、可得的策略及可能會有的結果，攤在一個頁面上。心智圖將你導向一個雙贏的結果。

心智圖與大腦

我們已經看到心智圖是在擷取大腦的運作系統，模仿人們腦中，當資訊在分支與腦細胞間傳遞時，新路徑形成、合併的方式。心智圖激發放射性思考，增強了大腦天生的機能，使思考更有利、融入創意。人類大腦包括超過十億個神經元或神經細胞，各個都比一臺家用電腦還強大。借助放射性思考的力量，大腦是採協作、而非線性運作。這意味著，大腦總和運作的效能遠超越各自運作（見圖表1-13）。

再者，心智圖模仿我們實際大腦細胞的無數突

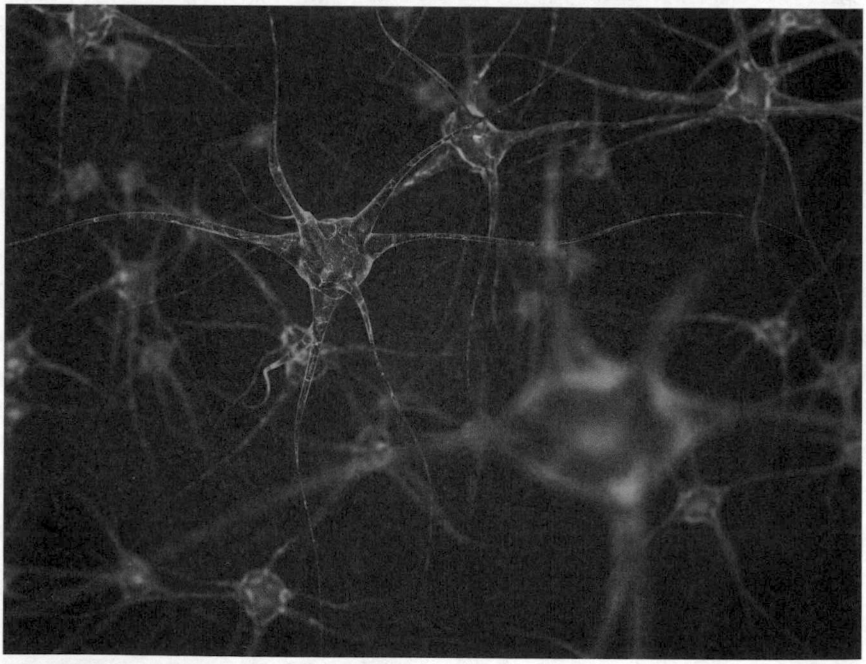

圖表1-13　突觸與神經

心智圖的結構模仿突觸與神經通道形成的大腦網絡。

觸與連結。近期的科學研究有越來越多證據顯示，心智圖是人類思考過程的自然表現。

內在心智圖

二〇一四年，諾貝爾生理學或醫學獎（Nobel Prize in Physiology or Medicine）分別頒給兩組科學家，其中一半獎項頒給美國科學家約翰．歐基夫（John O'Keefe），另一半頒給挪威科學家夫婦梅－布里特．穆瑟（May-Britt Moser）及愛德華．穆瑟（Edvard I. Moser），因著他們在認知神經科學領域的發現，尤其是他們針對網格細胞（grid cell）的研究。

這些專門的大腦細胞，與位置細胞（place cell）、大腦的海馬迴相互合作，建立出人在他們所處環境的「心智表徵」（mental representation）。它們不僅幫助個人形成他們周遭環境的心理地圖、扮演內在GPS（全球衛星定位系統）的角色，證據也顯示，網格細胞在海馬迴（大腦負責學習與記憶的區域）中，扮演形成「情節記憶」（episodic memory）的角色。

腦細胞的樹突和突觸結合，
創造一幅內在心智圖，既可以掌握局勢，
又可以將資訊保留下來、以供未來回想。

像這樣的發現，總是不斷讓我感到驚喜。一九六〇年代，當我開始研究我們思考時的方式，那時的科學仍處於萌芽階段。例如，腦細胞在顯微鏡下，看起來像是一個點──漂浮在其他粒子之間的塵埃。不過令人感到訝異的是，隨著神經科學的進步，這些點長出腿了。電子顯微鏡的發明，更揭示了腦細胞的全貌：具備細胞核、支狀的樹突、突觸及軸突終末（axon terminal）。

這項事實對我來說就像奇蹟，因為大腦的效力及其結構的特性，都與我一直在構思的思考工具──心智圖的結構，不謀而合。一幅好的心智圖，與腦細胞擴展的形式如出一轍。

以腦細胞真實性質的發現為例，能很好的說明「同步」（synchronicity）。上述針對網格細胞相對較近期的諾貝爾獎研究，同樣證實了腦細胞是以心智圖的形式思考。我相信，這項發現不僅證實這項思考工具的力量，也證實它與記憶的重要關係。

換言之，心智圖與記憶的關係已獲得科學證實。根據亨利・托伊（Henry Toi）博士二〇〇九年於吉隆坡舉辦的「國際思維會議」（International Conference on Thinking）發表一篇論文：**心智圖法**比條列式清單更有助於孩童從腦中喚出字詞，**提升記憶高達三二%**。同樣的，二〇〇二年，保羅・法蘭德（Paul Farrand）、菲爾察納・胡笙（Fearzana Hussain）及伊妮德・漢尼斯（Enid Hennessy）深入調查得知，心智圖法改善受試者，對事實資訊的長期記憶高達一〇%。

我們就是心智圖，心智圖就是我們

心智圖是從大腦存取、喚起資訊最直接的管道，而且顯然和人類的天性當中，某個內建的環節息息相關。論及心智圖如何顯現出我們內在、外在的運作，赫密士（Hermetic）的說法頗為適當：「如其在上，如其在下」（as above, so below）[8]。心智圖不僅是我們思考大腦結構的方式，更說明了，我們的想法若是借助心智圖，便能於這世上彰顯出來。

當你讀完這本書，而且以你的方式完成練習之後，你將會朝《世界最強思考武器——心智圖》的目標逐步邁進。不僅如此，你還可以因為學習心智圖，而更加了解你還不自知的真正潛力。

⑧ 譯註：古代煉金術的宇宙觀。又譯為：「天理近人情。」

第 2 章

如何繪製心智圖

透過本章，讀者將發現心智圖法
能解決你生活中的各種困擾，
還有這項工具最主要的應用情境：
家庭、工作、教育、創意、身心福祉與記憶。
現在就運用心智圖提升每天的幸福感，
逐步實現目標、提高你的生產力。

釋放你的大腦潛能

不同於其他視覺工具，心智圖法得用上全方位的大腦皮質技能——從理性與數字的、到想像與創造的，釋放可觀的大腦潛能。心智圖提供一個場所，讓我們結合文字與圖像，開始腦力激盪。事實上，心智圖能為我們做到的比這更多，因為它透過結合想像力、聯想力，鼓勵「發散思考」（brain blooming）——創造新點子增殖的最佳環境，而且你產生更多想法，心智圖整體的品質才可能提升。心智圖法使你思考得更廣，也提升心理精準度、見解、創造力及思想自由。

自心智圖問世已有幾十年，全球各地已有數億人採用這項工具。它的效力有許多科學與心理學研究證實，而且用途十分多元。讀到第五章你會發現，心智圖的應用無所不包，學習改善了、思緒變清晰了，工作績效自然而然也就提高了。

問問你自己：「心智圖法會從哪一方面開始改善我的生活？」現在就開始吧！

第一章我邀請讀者建立個人版本的心智圖，讀者認識心智圖的關鍵要素——像是圖像、顏色、分支與關鍵字（參見第五十七頁）。就像學習任何技能一樣，建立心智圖法的信心與技巧，得勤於練習，效益會變明顯。為了從本章得到更多收穫，我建議你把它當成一次練習。拋開任何約束、惶恐，依照以下幾個準則繪製心智圖。

只要你的方法輕鬆愉快、色彩豐富，心智圖會將你引往最好的結果。無論何時，一旦你發現自己陷入困境、覺得沮喪，就先休息一下，過一陣子再把思緒拉回心智圖上（參見第四章）。你也可以開始製作另一張心智圖，如果一時想不到該挑什麼主題，可以從圖表5-2「九十九項應用」（第二一四頁）擇一。心智圖法在進行了大約二十分鐘的時候，效力最強。

心智圖法絕不能以「不成功便成仁」、「不做則死」等僵化思維看待，也沒有人可以評論你的結果。我們有幾項特定法則，可以幫助你從心智圖法獲取最大效益、建立強而有力的心智圖。當主題涉及創造力及點子的構想時，一開始，這些法則的概念看似違反直覺；不過這些法則的設計，是為了讓大腦有系統的思考，而不是逼大腦更錯亂！

了解心智圖法則

心智圖法則看似簡單，卻很有效。如果你背離它，將無法繪製出真正的心智圖。反之，你可能只會得到類似第三章的其中一種示意圖。

心智圖法則

一、只使用一張空白紙，採橫向擺放。確保這張紙夠大，可以讓你從主分支延伸出次分支、第三層分支。

二、在紙的中央畫一個圖像來代表你的主題，至少使用三種顏色。

三、繪製心智圖的全程，請多利用圖像、符號、代碼，以及線條／立體的層次差異。

四、選擇關鍵字，若是寫英文就寫大寫。

五、把每個字或圖像放在屬於它的分支上，使其凸顯。

六、讓分支從中央圖像往外放射出去。每一條分支，使靠近中央圖像的那端較粗，而遠離中央的那端則較細。

七、每一條分支的長度，都得和相對應的字或圖像一致。

八、利用顏色，在分支發展你自己的顏色代碼。

九、運用強調記號、箭頭及連結線，描述在你的心智圖裡各個相關主題之間的聯想。

十、認真思考整個空間布局，謹慎擺置你的分支，盡量讓心智圖維持清晰。記住，事物之間的空間往往和事物本身一樣重要。想像一下，森林裡樹與樹之間的空間：你的大腦會處理這些間隔：了解你在哪裡及你要去哪裡，而不是樹（單一資訊本身）。

發展你自己的風格

遵照上述法則，你可以發展出獨一無二的「指紋」或「眼紋」❾，亦即忠於心智圖法精神的個人風格。我建議複製一份心智圖法則隨身攜帶（可能是用心智圖表現），每當你繪製任何心智圖時，就把它拿出來參考。很快的，它們將會成為你的第二天性，就像是你心智圖基因的DNA！

一步步完成心智圖法：為第一幅心智圖訂好目標，接著是你的前兩幅心智圖，再來是你的前五幅、你的前十幅、前五十幅……直到你完成一百幅心智圖，你辦得到。如果你隨時參照心智圖法則，當你完成第一百張心智圖的時候，你將會具備高超的心智圖法技能。

當心智圖遍布整個頁面時，有時候會變得錯綜複雜。這些法則的設計，便是為了**幫助你在作畫時想到，如何讓心智圖更簡單明瞭**，與此同時，強化這項工具對你大腦的影響。現在，我們將更深入檢視關鍵要素。

法則如何形塑心智圖

探究這些法則的效果與實用性，最簡單的方法就是實際利用它完成一套心智圖。首先，確保你熟記第一章所列的七個步驟（第四十二頁）。接著，將心智圖的十個法則套用於你選擇的一個主題。何不一邊閱讀接下來的章節，一邊繪製心智圖？

第一章我以莎士比亞為例，一一說明心智圖製作原理。而這一回練習，請你花點時間想一想，你想要透過心智圖探索什麼問題，或主題（如果缺乏靈感，請翻到第一〇二頁「讓你的想法顯而易見」）。

蒐集你的資源

選定主題以後，繪製心智圖之前先蒐集你會用的素材、研究或額外資訊。

⑨ 譯註：一種生物識別技術，和指紋一樣皆可用來識別身分。

舉例而言，如果你想利用心智圖整理教科書某章節的重點，那麼請複印該章節的頁面，繪製心智圖時隨時可翻閱。

為了不讓心智圖變得難以辨認——尤其當它向外放射接近邊緣時，請使用大張一點的空白紙。紙張須為全白，而且永遠橫向擺放，因為比起直式，橫式給人感覺更能自由揮灑；而且，橫式心智圖的資訊一目瞭然、易於吸收，因為它讓你可以瀏覽整個頁面，而不是從左到右、從左到右、從左到右；也不是像平常看書的時候，由上至下的視線閱讀頁面。

把紙擺在你眼前平坦的檯面上，或是把它釘在牆上立著繪製。像建築師使用的那類檯面可以升高的製圖板，能讓你的姿勢更舒適、有更好的視角。此外，如果你坐在地板上較自在的話，就這麼做吧。有些藝術家——像是葡萄牙出生的英國畫家兼版畫家寶拉・雷格（Paula Rego，一九三五年～二〇二二年），有時候便是坐在地板上創作，因為這種看似孩童般的行為，將釋放你的創意思考。

你可以在任何地方、以任何一種姿勢繪製心智圖。例如，你可以採靜心姿勢繪製心智圖，因為心智圖可以使大腦左、右球的運作同步，於是你的思緒沉澱了、被平衡了。許多人、尤其是小孩子，甚至會趴在地上，一手撐著頭、一手繪圖。

無論如何，完成一張心智圖後，只需要盡量保持心智圖垂直於水平面，讓圖中的各分支接近水平，你之後就能很快的從腦中喚出這張心智圖。繪製過程中，讓你的手橫跨頁面自由移動，而不是去左右旋轉紙張。

要強化心智圖的視覺吸引力，你可以先準備幾枝五顏六色、筆尖粗細不一的彩色筆，強化這紙心智圖對記憶的視覺吸引力（參考我們於第一章探討過的「馮雷斯托夫效應」，第五十八頁）。

圖表2-1　比起直式，橫式給人感覺有更多自由揮灑的空間

為自己準備一套便於隨身攜帶的心智圖套件組（包括白紙及彩色筆）。這樣一來，你的思考才不會受限於橫格線紙及單調的藍色原子筆。

如果你正準備出席某場商務會議，你可以繪製一幅單色的心智圖草圖，會後再添加好幾種顏色。無論你的心智圖畫得好或壞，完成它之後、請重新檢視一次。所以，為單色的草圖上色是挺好的方法。不過，由於顏色是提升創造力的關鍵，如果最初你只用一個色調來繪製心智圖，你的創新思考會被大幅局限。

選擇中央圖像

當你心中已經有某項主題時，你就可以在紙張中間繪製中央圖像，運用維度、自我表現，以及至少三個顏色，使這張心智圖變得更迷人。先想一想：要以什麼符號代表你的主題，盡可能讓這個作品充滿想像空間。如果某個特定字詞對你的心智圖相當重要，那就利用維度及顏色、把這個字轉為圖像。如果是中央圖像夠有力，雙眼、大腦自動就會聚焦。

你希望心智圖告訴你什麼？
繪製過程的每一步都要牢記這項目標。

設定目標及基本序列想法

從中央圖像放射出去的分支，亦即主類別，我們以「基本序列想法」（basic ordering ideas，以下簡稱BOIs）命名它，BOIs構成了心智圖的核心架構。

健全的「基本序列想法」能讓你的心智圖有一個好的、有創意的起點：先找出你的

BOIs，接著以特定基準來排序它們，你才能更清楚的看到深層的想法與概念，各自和整體有什麼關聯，而且是融入你心智圖的「想法階層」（hierarchy of ideas）⑩的。

開始繪製你的心智圖時，謹慎思考眼前的目標：

- 你需要什麼資訊或知識？
- 就你選定的主題想想，最重要的**七項類別**是什麼？
- 如果這個問題是一本書，各個章節的標題可能是？內容包含什麼課程或主題？
- 你必須先釐清什麼問題？什麼（What）、在哪裡（Where）、誰（Who）、怎麼做（How）、哪一個（Which）、什麼時候（When），5W1H將會是心智圖非常實用的主分支。
- 你可以把這個主題細分為哪些次類別？

你的BOIs也可以處理這些考量：

- 架構（structure）：這件事物的形式。

- 功能（function）：這件事物的目的及它們能做什麼。
- 屬性（properties）：這件事物的特點。
- 流程（processes）：這件事物如何運作？
- 評價（evaluation）：這件事物能帶來哪些益處？
- 定義（definition）：這件事物意味著什麼？
- 分類（classification）：這件事物彼此之間如何相關。
- 歷史（history）：該事件的時間順序。
- 個性（personalities）：人的角色與性格。

開始之前，快速記下十個最早浮現在你腦海的字或圖像，然後用廣義的標題將它們彙整成群組，作為主要放射分支。

⑩譯註：一種語言學工具。

往外開枝散葉

如第一章的建議，繪製分支時，最靠近中央圖像的那端畫得較粗，以強化它對你大腦的重要性，並且在該分支的上方寫下你的ＢＯＩｓ。從主分支萌生出來的任何次分支，要有支持該特定ＢＯＩｓ的資訊。最普遍（涵蓋最大資訊的）的概念比較靠近中央圖，而較獨有、或特定的概念則出現在次分支，相對遠離心智圖的中心。

如果你的心智圖仍處於探索階段，你可能會發現，**某些末端想法，其實比你放在中央圖像周圍的那些想法還重要**。如果有這樣的情形，把外圍分支加粗就好了。

讓所有分支以有條理、像波浪一樣、流暢的方式向外延伸，提升其視覺吸引力。除此之外，如果你讓分支有條理的彎曲且放射出去，各個分支都有獨特的形狀，這項特色更幫助你回想起與該分支相關的資訊。

透過圖像表達你自己

為了從心智圖法獲得最大的視覺效果與創意靈感，請多使用圖像（就像用文字描寫一樣，每個圖像都應該緊貼著特定分支）。你說你從前就超級不喜歡美術課？別擔心。

心智圖上絕對不需要厲害的美術天分，其實快速描繪的草圖、繪畫、符號及塗鴉，都不會影響其效果。心智圖法的目的，是為了迅速記下你的想法，因此不如將概念插圖想像成，表達你最深層思維的本質的速記。

線性筆記運用三種基本技巧——線條圖形、符號及分析，而圖像繪製則運用到大範圍的大腦皮質技能，包含從想像力、邏輯及空間感，到顏色、形狀、線條、維度及視覺圖形的運用。

運用圖像還有一個更廣泛的好處：它確實改善你日常生活中的視覺感知。無關乎你是否具備藝術天分，嘗試繪畫，鼓勵你專心一致的從真實生活尋求靈感，藉此充分理解周遭的世界。

心智圖不僅使用圖像，它本身就是圖像。比起一段文字，心智圖更容易烙印在你腦中。一九七〇年，羅夫．哈柏教授曾針對圖像辨識展開研究。他發現，人類在辨識圖片時，其記憶力十分驚人；圖像成為一種卓越的記憶輔助工具。哈柏教授也發現，**讓一般人觀看一萬幅相片時，他們可以記得超過九八%以上。**

想像當你完成前一百幅心智圖，你極可能記住這一百幅裡面的一百幅。然後再想像為你讀過的一萬本書，繪製一萬幅心智圖：你能記得九八%，那會是多麼驚人的量？心智圖法讓你成為天才中的天才，你的這一百幅心智圖，是你對抗無知的「兵營」。

你的圖像越清楚越好。清楚的圖像才會帶來清楚的回應。清晰，會淨化你的目光，也會幫助你以接近小孩、藝術家的角度解讀這世界。

玩弄文字

為了保持清楚、發揮影響並揮灑自如，記得，每個分支只使用一個關鍵字。記住一個單字（一個英文單字，寫成中文便是一個名詞、動詞、或形容詞），比記住詞組容易多了，而且會停留在腦海裡。就像小石頭掉進池子會激起漣漪，一個字能觸發許多不同的聯想，刺激思考。再者，當聚焦在各個分支的單一個字上，你就不得不考量哪一個字，最能精確表達想法。這個原則背後的意義是，積極發揮你的辨識與分析能力；這過程需要高度專注，而線性筆記辦不到。線性筆記經常令人徒勞無功。

關鍵字應該以與分支相同的長度擺在分支上，這允許你在心智圖裡擺放若干相鄰的字，並因為這些字相互激盪，鼓勵你觸發更多聯想。它也會讓你的心智圖顯得整齊、容納更多資訊。

用大寫字母寫下這些字，一方面讓它們更清晰、一方面允許大腦視覺化它們。把你心智圖的「想法階層」牢記在腦海裡，你可以在次分支使用大寫及小寫字母，以展現字在你心智圖裡的相對重要性。

為了凸顯心智圖中最重要的元素，讓它們容易被記住，請你3D化任何與它們關聯的字。

發展聯覺

「聯覺」（synaesthesia）一詞，意指「感覺或身體某個部分，受到另一種感覺或身體另一部分的刺激，而引發反應」的感知現象。例如，有「聯覺」的人，或許會把一星期的每一天，和不同顏色與質感聯想在一起：星期二可能是有長毛絨地毯紋理的藍，星期日則是有泡泡紋理的黃。

「聯覺」被視為一種精神障礙，人們會被他們的感官知覺所困惑。我認為這是誤解，因為組織良好的「聯覺」，實際上有益大腦。心智圖可說是有條理的「聯覺」思考工具；那是聯想力量透過身體與精神的一種表現。所以，別害怕它。繪製心智圖時，請你盡情發揮「聯覺」，讓五感——視覺、聽覺、嗅覺、味覺、觸覺，透過文字與圖像流露出來。同時想想改變位置的力量，它可以從分支有系統的形式獲得暗示，並思索還有什麼其他在心智圖上更好的表達方式。

成為代碼製作者

我們已經見識到，顏色如何成為增強記憶與創造力、最強大的工具之一。要讓顏色發揮更大的影響力，就得為你的BOIs（已排序的基本想法）配對特定顏色。謹慎考量如何運用顏色代碼，能幫助你更快速的利用心智圖中的資訊，同時提升你創意想法的數量、範疇。

舉例而言，想像你正在繪製五行心智圖：金、木、水、火、土，這是中國古代道家哲學的元素。把最適合的顏色記在心裡，決定主分支的顏色時，你選擇用銀色代表金、綠色代表木、藍色代表水、橘色代表火、棕色代表土。

除了決定各表各主分支的顏色，你還可以建立其他代碼，以便在心智圖的不同區域之間牽起連結。這些代碼可以很簡單，形式可以像是×或√；或者，仔細在你的心智圖周圍加底線及圓圈、三角形及四方形等形狀；再不然，代碼可以更為複雜——甚至3D呈現。想想用於排版印刷的註腳，把它當成是你發明的符號的基底。還記得我提過的「主要系統」嗎？它便是利用代碼將數字轉換為聲音，再轉為文字。

就像註腳，你可以利用代碼讓原始資訊（像是傳記參考資料）與心智圖連結起來，或代表經常會出現在你筆記的任何名字、日期或事件等特定元素。無論你建立什麼代碼，它們都能強化你分類、階層化心智圖的想法。

你的心智圖在視覺上越吸引目光，你得到的結果就越好。

建立連結

連結分支、關係箭頭就如同代碼，串起心智圖上不相鄰的區域與分支，解答了看似不同的概念，如何彼此相互關聯。透過這種方式，分支和箭頭也幫助你的大腦建立，想法與想法之間的連結。為了與心智圖對圖像的運用維持一致，連結分支可以採用曲線、圓圈、環狀和連結等形式……任何可以觸發你的想像力的形狀。

關係箭頭鼓勵你的注意力跟隨你凝視之處，進而為你的思維提供空間方向，讓思考更加發散、富有創意。就像連結分支，箭頭的大小、形式及維度也可以有許多變化。它們也可以是多頭的，連接許多不同的分支。

利用分界線及意元集組

我在一九五〇至一九六〇年代之間，發明了「大腦模式筆記法」（Brain Pattern Notes），可說是心智圖法的前身。英國廣播公司（BBC）電視系列節目《運用你的大腦》（*Use Your Head*）曾介紹過這項工具。雖然「大腦模式筆記法」仰賴文字多過圖像，它們也利用分支、顏色：使用這種方法，我出於本能的運用各種顏色的分界線，圍住分開的分支，及其各自的次分支。那些分界線有的是波浪狀的線，有的是雲狀的泡泡，圍住一組和某個特定主題關聯的想法，讓它們易於記憶。

那時候，我對大腦模式筆記法的了解還不深入，但是這項技巧頗像「意元集組」（Chunking），那最早是由美國心理學家喬治・阿米蒂奇・米勒（George Armitage Miller，一九二〇年～二〇一二年）於一九五六年提出的。「意元集組」一詞源自米勒的論文〈神奇的數字：七加或減二〉（The Magical Number Seven, Plus or Minus Two），這篇論文解釋，為什麼**短期記憶只能有效儲存七項資訊**；接著描述意元集組如何能延長記憶停留的時間。

當我發展心智圖法時，我看到「意元集組」是怎麼在特定環境下，產生重大影響。心智圖當中，分界線的輪廓是獨特的，令人難忘；而且其群組資訊的方式契合了短期記憶的運作方式。當你繪製錯綜複雜（各類主題，加上涵蓋許多不同層級的資訊）的心智圖，分界線及「意元集組」特別有用。

然而，分界線和「意元集組」應該被細膩的應用於心智圖，因為其中存在著需要處理的微妙平衡。繪製心智圖的當下，每個分支都應該是「開放」的，而且可以自由建立新的連結。如果某個分支太快被分界線圈起來，繪製者可能反倒淪入畫地自限。

別將自己的思想局限於「線性監獄」，熟練的心智圖者總是無拘無束。

讓你的想法顯而易見

感覺思緒窒礙？從以下主題中擇一，當作你的中心概念：

快樂　和平　工作　成功

現在，你手上已經集齊心智圖入門套件了，是時候實際創作了。你累積越多張作品越好！記得，隨時回頭參考心智圖法則。

一完成心智圖，就再重新檢視它。你喜歡它哪個部分？如果要使該圖更吸引人，還可以加點什麼元素？記得用心智圖將自己的回應與反應都記錄下來。
現在，選出下一項主題，再練習一次。

留白的好處

一個字、一張圖像的大小，都會顯著的影響心智圖的層次。

標的越大，視覺衝擊也就越大，於是你就更容易回想起它們。

心智圖當中各項元素之間的空間，與元素本身一樣重要。各個標的之間可適度留白，會讓心智圖顯得條理分明，吸引你的目光。亦即，你更快吸收它所傳達的資訊。

心智圖者的發展

心智圖法老手的職業生涯，會歷經三個階段：

接受（acceptance）：在你開始繪製心智圖之前，先把你對自身智力、想像力及藝術技能的成見擱在一旁。遵照心智圖法則作圖，直到你完全熟悉它為止。若你參考了影響心智圖法深遠的李奧納多·達文西及洛琳·吉爾等人的作品，就會更了解圖像、顏色的重要性。

應用（application）：了解法則之後，請盡可能創造出更多幅符合法則的心智圖。你要筆記的時候，利用心智圖；或者例如，要下決定之前、學習某項新技能。你可以從本章找到許多應用建議。放手讓自己嘗試，然後想想還有什麼方法可以優化心智圖法。這會豐富你的生活。

改編（adaptation）：隨著時間推移，你會發展出獨特的心智圖法。在你繪製過上百張心智圖之後，你差不多可以改編心智圖形式，將你的技能帶往更高的水平。

日誌

建議你隨身準備一本心智圖日誌，讓心智圖成為日常事項，可以隨便拿一本練習本或活頁簿。只要頁面是空白的、無線條即可，讓思考無拘無束。之後，將你的第一幅心智圖擺在日誌本的第一頁。

你可以並用心智圖法日記、時程及規畫表，有效的運用心智圖日誌（參見第二一八頁）。藉由日誌本，你能檢視自己的心智圖技能是否有所改善。它也是一個想法儲藏室，讓你知道自己的思緒是如何成形。此外，當你需要靈感時，它還是隨時可以一頭栽進去的資源。

圖表2-2　如何繪製心智圖

第一步

繪製心智圖的6項主要應用的心智圖，先從繪製中央圖像開始。在這個中央圖像（鑰匙）內，寫上「應用」（APPLICATIONS），讓這個字更吸睛。

第二步

從中央圖像延伸出一個分支，標註「家庭」（HOME），並用橘色上色（代表溫暖與家庭）。從主分支再延伸出次分支。就家庭而言，我們可以聯想到愛、家人、朋友、休閒。

第三步

其他5個分支依序是「工作」（WORK）、「教育」（EDUCATION）、「創意」（CREATIVITY）、「福祉」（WELLBEING）及「記憶」（MEMORY）。我們可以在每個單字的旁邊，畫上一個相關的小符號。

第四步

從這些主分支延伸出次分支。以「教育」為例，我們會聯想到學校、大學、學習及考試。

1

2

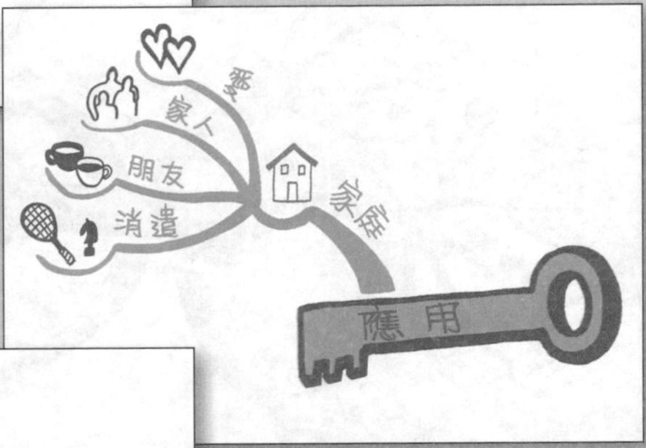

3

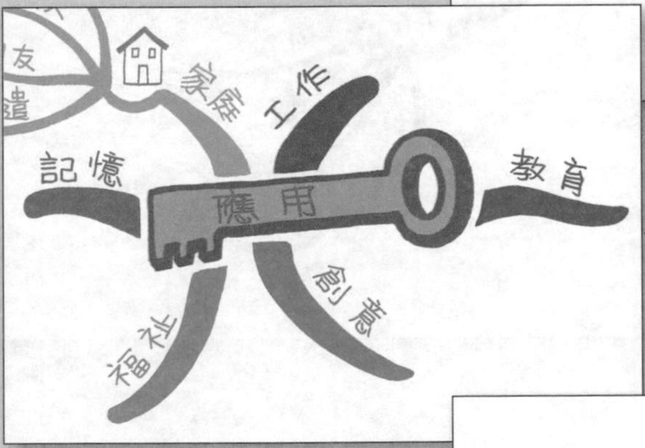

4

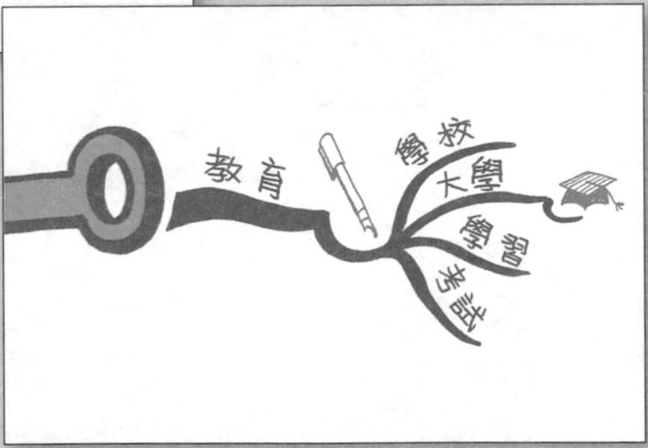

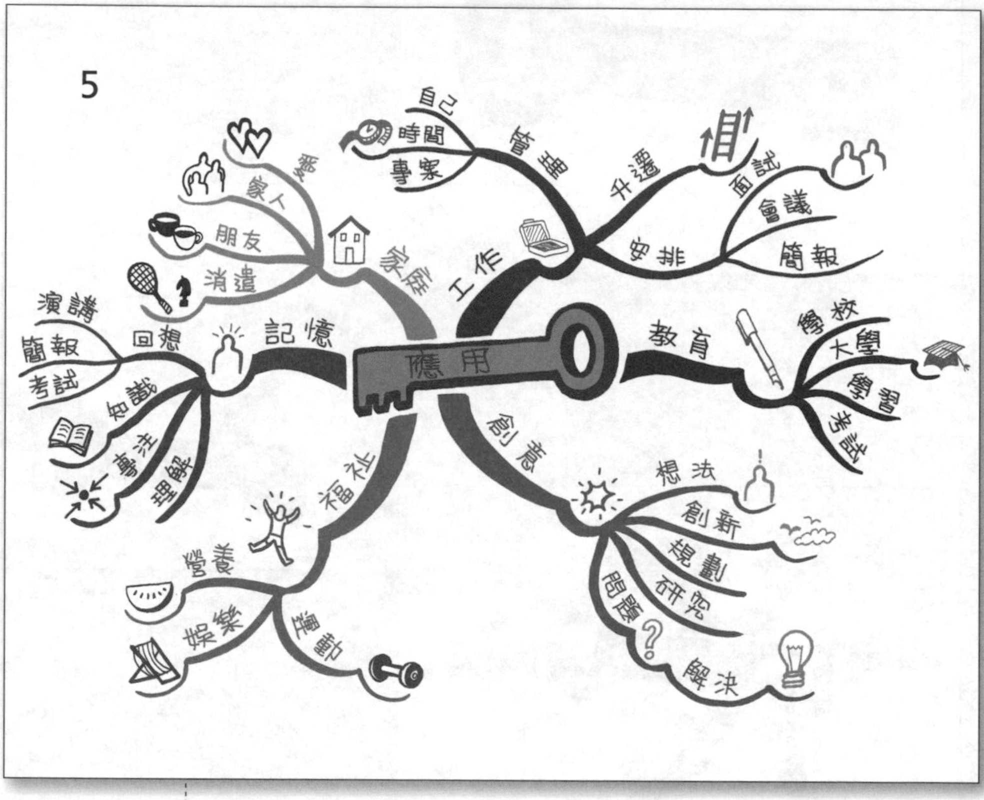

第五步

按照心智圖法則完成這張圖，每個分支皆附上一個單字及圖像。

心智圖的用途

最初發展心智圖時，我還不知道原來這項思考工具，能處理這麼多難題。起初我只想尋找一種，能讓思想具體呈現的方式——讓思考路徑有跡可循。我說過，這花了數十年才達到。我改良心智圖的期間，我只是把它當作輔助記憶之用。直到我的教授弟弟巴利・博贊（Barry Buzan）要我重新審視心智圖法時，才有進一步發展。他問，為什麼心智圖只是用於改善記憶？我原本把他的話當作參考，但之後，我了解我弟弟是對的！心智圖適用於生活的各個層面。

繪製心智圖法主要應用之心智圖！

本章後段，我會引導你探討心智圖法的用途。在那之前，我們先聚焦在心智圖法的主要條件。

這幅心智圖說明了心智圖法的六大用途。如果你正要繪製一幅、代表你生活主要領域的心智圖，想想你會訂出的六個層面分別為何。

打個比方，這六項應用是星球，而你筆下的心智圖，是帶領你造訪星球的太空船。一旦貫通其中一種應用——或許是當你實現某個目標，心智圖法會讓你看出接下來應該優先處理哪一個問題。

你可以將心智圖應用於商務或休閒娛樂、讀書或生涯。例如，你可以為你的夢想創作心智圖並借助它來達成夢想。

接下來，我們將一一探索家庭、工作、教育、創意、身心福祉，以及記憶方面的心智圖作法；除此之外，我也附上心智圖範例，相信全書二十張圖能激發你的靈感，或找出起始點。當然了，心智圖是獨一無二的、無法比較，你畫出來的心智圖，可能和我的截然不同。至於心智圖各項主要應用的進階用法，第五章會詳加說明。

心智圖主要用途❶：家庭

對我們許多人而言，「心之所在，家之所在」（Home is where the heart is.）這句古老的諺語不容置喙。家是你遠離煩憂的庇護所，讓我們展露個性、享受親密關係。在這個空間當中，我們營造重要的回憶，並體驗了像是出生、孩童時期、結婚、為人父母及退休。家也是我們孕育夢想、追求個人野心，還有舉辦派對的地方！

達成個人目標

花點時間想想對你而言最重要的日常生活領域，再想想你打算在這些領域中達成什麼目標。下頁圖表2-3是設計馬拉松訓練的心智圖，這裡的BOIs將一位長跑選手的**主要考量反映出來：**訓練、營養、設備、動機及障礙。參考這幅心智圖，為你的目標繪製一張吧。

畫出象徵目標的中央圖像。接著，深思這個中央圖像，再建立與它相關的BOIs

分支。BOIs應與你需要採取的實際動作、要蒐集的事物有關，無論那是硬體設備；或是無形的，像是勇氣或毅力。「動機」這條分支尤其重要，直接的動機能令人堅持不懈。你可以先想像，成功將會獲得什麼好處，無論那反映在身體健康上、財務或自尊。

你可能必須畫出另一項分支——障礙，因為唯有正視所有可能的阻因，你的基礎才穩定。你的次分支則進一步探索這些議題，預估達成目標所需的時間、要達成目標還需要些什麼……。

圖表2-3　達成個人目標的心智圖：馬拉松訓練

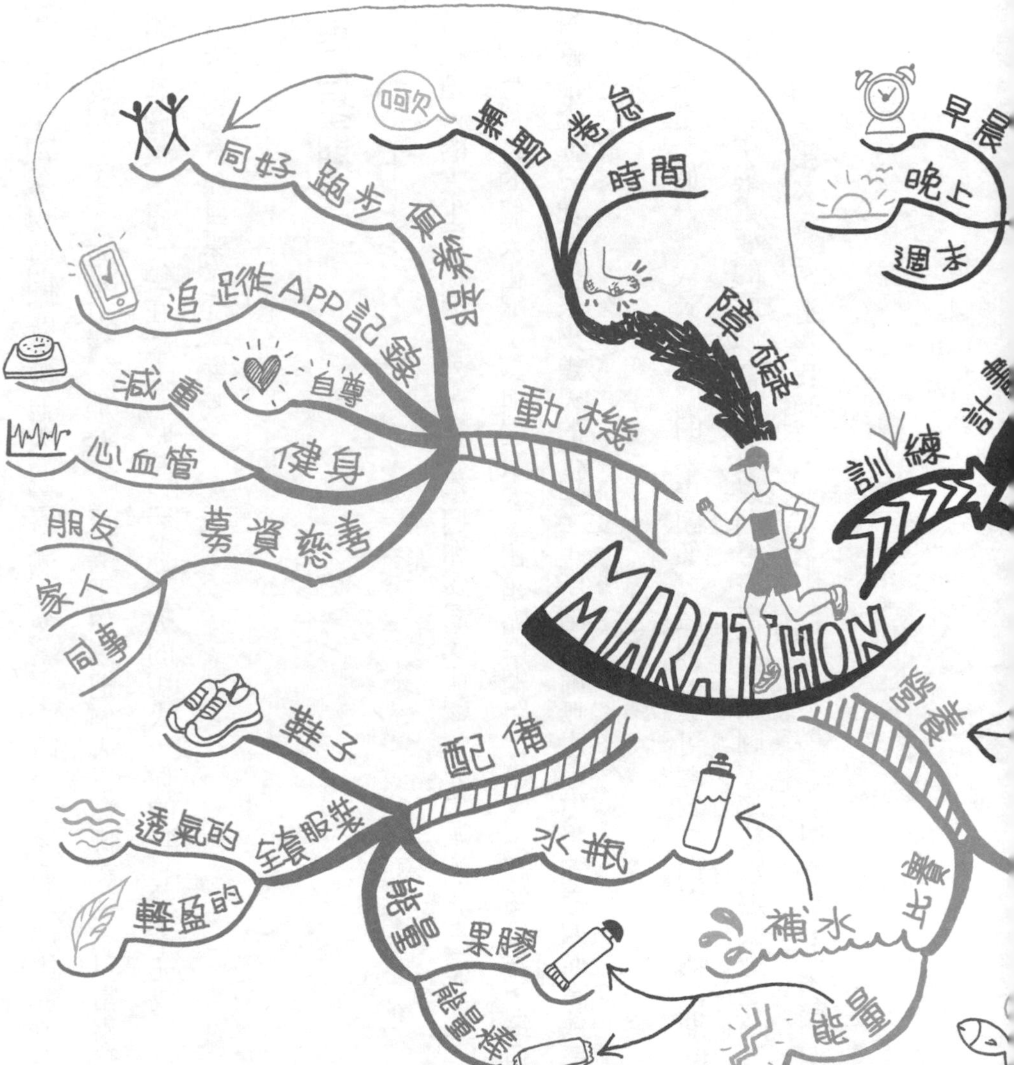

如果比起自己需要什麼，你更重視他人，那麼你更需要目標設定的心智圖。或許你熱愛跑馬拉松，卻發現時間總是被他人的事填滿，像是——陪小孩參加足球比賽、去運動中心接你的另一半。若是這樣，那心智圖提醒了你，把個人目標排在那些日常事務前面。畫出心智圖後，將它掛在牆上，時時提醒你、你的親人，你的野心尚未完成，這樣一來，每天你都會往目標靠近一步。

安排這個星期

暫時把遠大的人生目標擺一旁，想想這週你要完成什麼？明天呢？今天傍晚？

心智圖是很棒的個人組織工具與規畫表。比起點擊網路行事曆、翻閱日誌，**每週活動的心智圖能讓你一次記住未來幾天的行程**。正所謂有備無患，你將知道如何高效率的分配時間與心神。

首先，選定一個符號代表心智圖的中央圖像，這個符號可能象徵你對這個星期的想法，或這七天之中最重要的面向。你也可以簡單畫自家的縮圖，或特別編號這一週，像是字型3D的「第X週」，這次我們以「第二十六週」為例。順時鐘繞著中央圖像移動，使用多種顏色繪製七個主分支，每個顏色各代表一天。在分支上標註這是星期幾，然後延伸出次分支、代表不能忘記的事情、想安排的活動。若不同天有類似的活動，就用箭頭標明。如果某天的某組活動特別重要，就加點意元集組。

以下頁圖表2-4為例，有人打算要在某個星期六晚上，舉辦一場精彩的結婚週年派對，因此，中央圖像是一對夫妻和小孩。當週也會有其他約會排定。計畫進行的事項包括：星期一預約餐廳、樂團表演的門票，以及最重要的保母；星期五準備禮物及卡片。

有了心智圖法，你很難變成伴侶眼中的失格丈夫／妻子！不只這樣，擠在同一週的其他重要活動，從開會、工作簡報，到小孩的活動、運動課程……也都透過這幅心智圖呈現出來。

當你確實執行之後你會感受到，畫週計畫心智圖、佐以心智圖規畫表與時程還滿實用的，因為你能馬上看到每天的細節，而時段拉長的概況也一目瞭然。如此一來，你就對時間有一定程度的掌握，也不會發生不必要的衝突，久而久之，你在工作、休息與娛樂三方面都能找出平衡。

圖表2-4　規畫1週行程：第26週——結婚週年紀念週

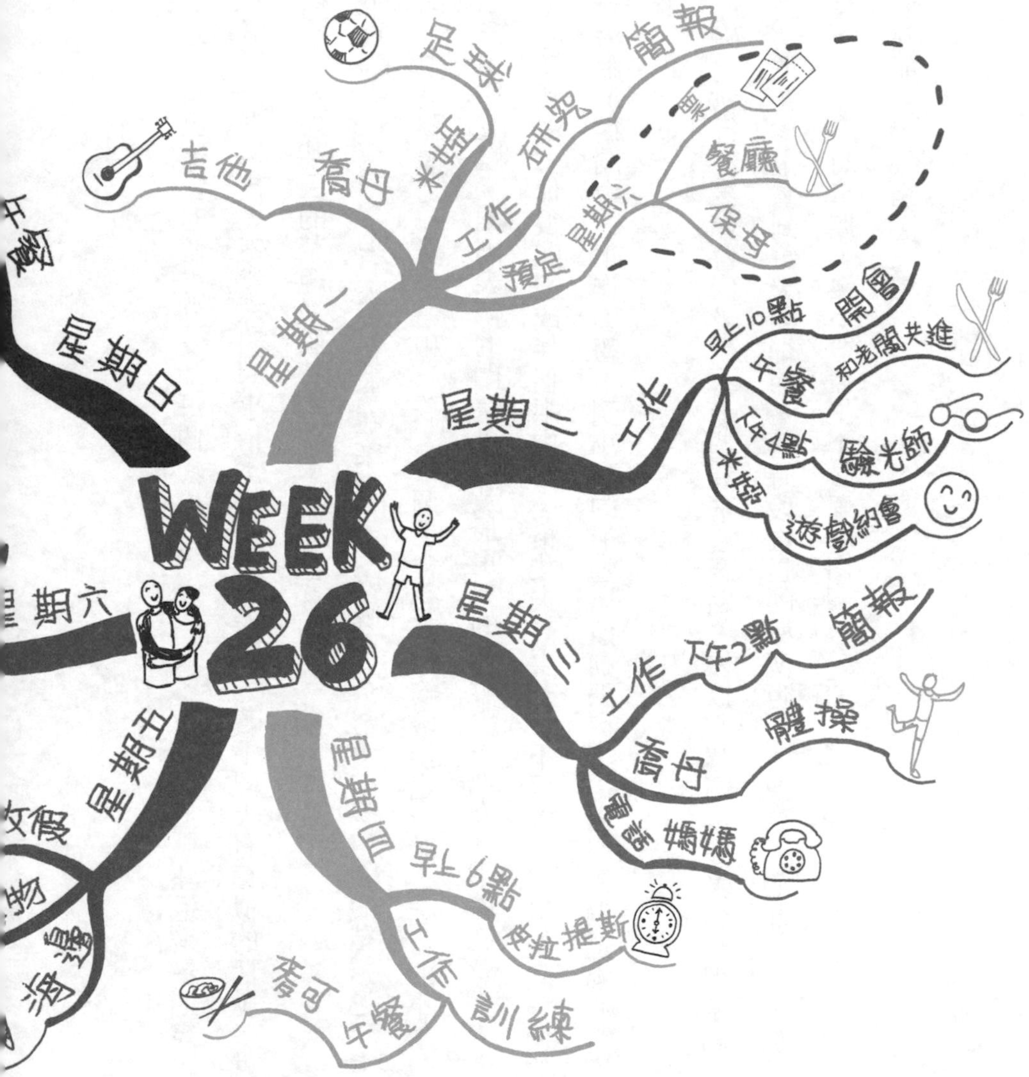

共同規畫

如果你跟家人或室友一起生活，可考慮為彼此排定的活動，建立一份共同心智圖週規畫表。許多人都經歷過，家庭成員之間因為各自活動撞期，或家事分工不均，而引發紛爭口角。此外，常見的另一個家庭問題是，每個人都太忙、無從得知其他人的近況。好消息是，有個方法能讓家人了解彼此在忙什麼；或至少，確保每個人都有分擔倒垃圾、洗碗等家務——那便是心智圖，不只修補問題，也使每個人的態度變得更好。

就如同個人心智圖週規畫表，共同心智圖以下個星期的每一天設定為主分支，次分支則顯示每一天的所有活動。重要的是，它連瑣事都涵蓋了。你也可以利用類似的心智圖，鼓舞每個人堅持目標，也許他要求自己每天練二十分鐘的吉他，或一星期慢跑三

次。把你們的共同規畫表釘在冰箱、顯眼的地方，讓自己隨時想起這個目標。

使用心智圖的家庭比較和諧、健康，而且給其他人更多的空間！

規畫孩童的派對

餵小朋友幾口果凍及冰淇淋，就認為他們可以自己玩一下午的時代早已不在。現在，舉辦孩子的生日派對，難度接近組織一場軍事演習，當爸媽的還得預測所有可能發生的狀況。幸好，心智圖也能幫上忙。這個情境題，我舉「超級英雄」主題的孩童派對為例。當然，主題視個人喜好而定，或甚至忽略孩子的喜好。

無論是為成人、小孩而辦，派對的運作邏輯大都相同：第一，訂好日期；第二，你得選擇主題（如果你希望有個主題）與地點；第三，考慮成本、空間及交通工具等因素。然後，列出賓客名單，最後設計餘興節目、食物、飲料，還有場地布置。利用心智圖的主分支及次分支一一探索，會大幅節省時間。

如果這場派對將納入獨特的元素，像是遊戲、游泳或魔術師，請把它列在心智圖上。你也可以利用主分支來探索如何凸顯出派對主題，或者將服裝、裝飾及小禮物搭上主題。當你有特定主題的時候，你會真正享受建立心智圖的樂趣。

尋找完美的禮物

一旦省下規畫派對的時間，採買禮物的時間就變多了。這時候，心智圖準是記錄你家人的好惡的方法。如果你曾茫然的在百貨公司流浪，手上抓著一雙襪子，不知道要把它送給誰，你會發現，心智圖實在很方便。

為了建立你的禮物採購心智圖，拿一張白紙橫放，在中間畫一個中央圖像以啟發你的靈感：也許是打蝴蝶結的包裹，或有野性的動物，像是有著彩虹角的獨角獸，代表夢想成真。

中央圖像要吸睛、散發趣味，而且傳達出送禮的精神。

首先，為送禮清單上的每個人分配顏色代碼，再依據各人喜好拉出次分支。記得，兼用符號、文字來說明這些，而且若你想到什麼和對方相關的圖像，就在這個次分支旁畫上去。

接著，建立第三層分支，如果沒有預算限制，你打算買什麼給那個人？還有，如果物理距離等障礙都不存在呢？回到現實面，趣味（且得買得起的）等同於什麼？

圖表2-5　規畫孩童派對的心智圖

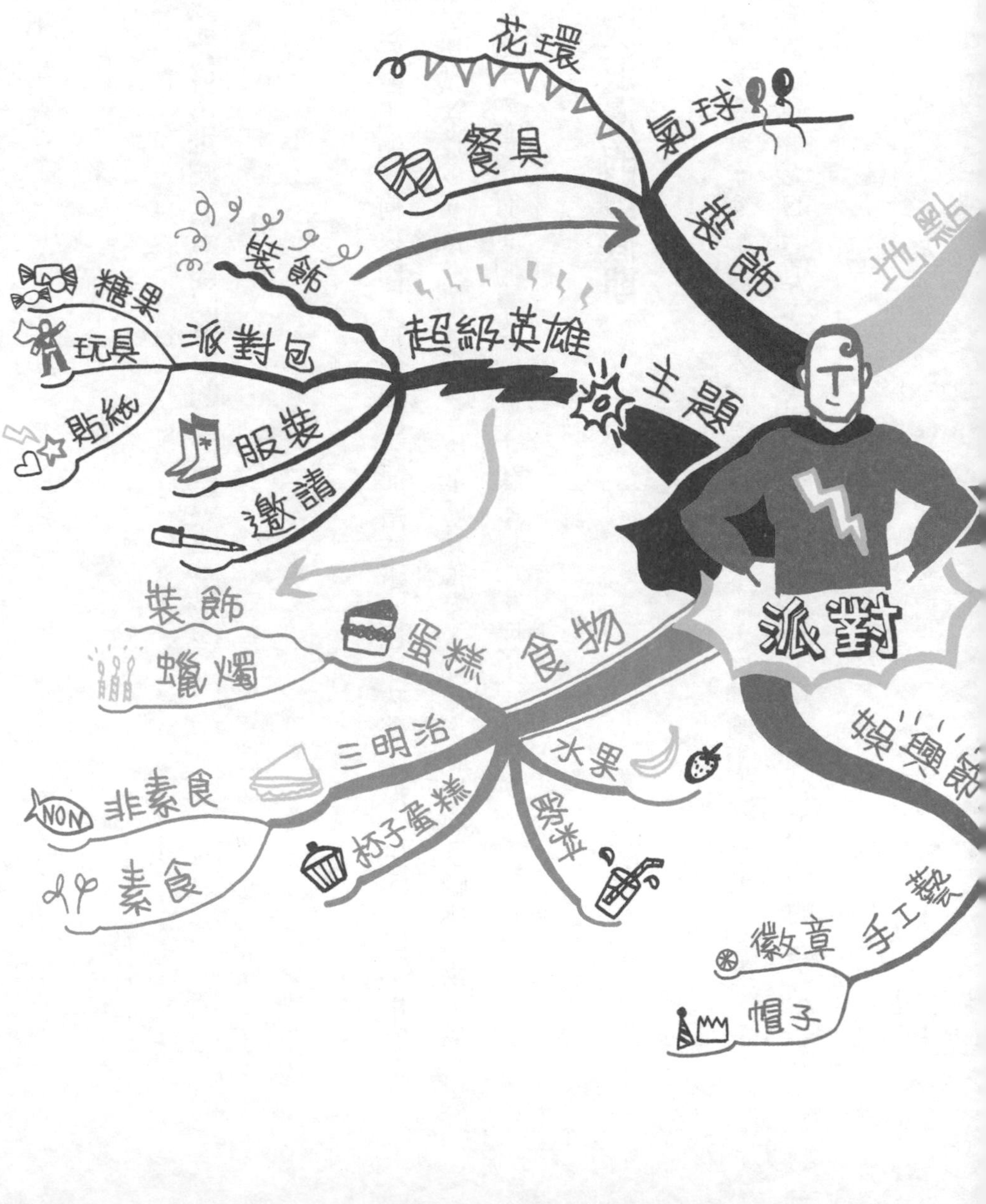

當你完成這張心智圖，請把它放進年度規畫表中，當哪位朋友、親戚的生日一接近，你都不會錯過。

記住：別刪去心智圖上的任何東西！

刪除心智圖上的任何東西，代表你已完成這件事，也意味著抹掉了生活記憶；相對的，充滿勾號或笑臉的頁面，則象徵你至今的豐功偉業。如果你利用心智圖挑禮物，或規畫一場活動，記得用有正向意義的符號，代表自己完成了一件任務。

規畫一次浪漫的短假期

你曾否墜入愛河，想給心愛的人一個驚喜？又或許，你們的相處像是老夫老妻，正在找辦法重燃羅曼蒂克的熱情？若要慶祝週年，還有什麼主意會比帶著你愛的人，在一個不錯的景點度過更好？然而，就跟籌備派對一樣，規畫旅遊令人備感壓力。規畫衍生出來的擔憂，可能在你抵達目的地之前，就把熱情給抵消掉了。何不試試使用心智圖規畫要住哪、交通工具、抵達以後要做什麼……所有細節。

不管是林間漫步、小酌美酒，然後舒服的待在爐邊取暖；或是在充滿異國情調的海邊跳舞跳到黎明，你都可以藉由心智圖實現。若想讓氣氛更添羅曼蒂克，心智圖幫助你讓愛情的魅力更穩固——這說明了，熱情與衝動是需要刻意營造才能維持的。

此外，假期結束以後，心智圖就象徵你寶貴的回憶。然而，如果過程不順利——或許起因於一些你無法掌控的事，這張心智圖以後就會提醒你，籌劃一趟旅程有什麼要注意的。

改善一段不友好的關係

有時候儘管彼此心念良善，關係都可能觸礁。這類狀況並非只發生在情侶身上，也可能是雙親、手足、同事或朋友之間。無論造成你壞情緒的緣由是誰，不友好的關係都影響了生活，而且你可能找不到方法來修補已形成的傷害。如果你面臨關係失和，心智圖可以協助你分辨事理；而且，你能理解對方的立場，再釐清有哪個部分是自己能妥協的（參見第二二六頁圖表5-3）。

畫這類心智圖不是要強化你自身的任何成見。反之，它是要讓你的想法往外發散。為了達到那個目的，我建議你盡可能的在心智圖上使用中立、積極的字眼。

以圖表2-6為例，心智圖繪製者和他的兄弟丹（Dan）吵架。他用自行車當作中央圖

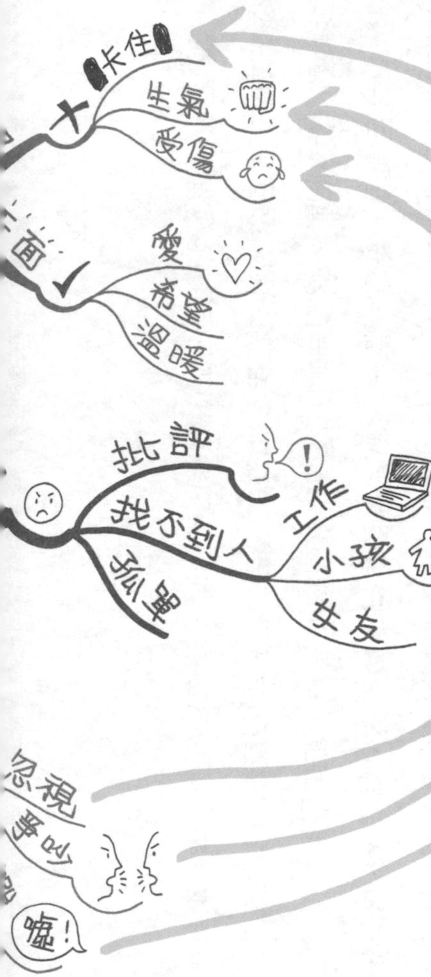

圖表2-6　改善一段不友善關係的心智圖

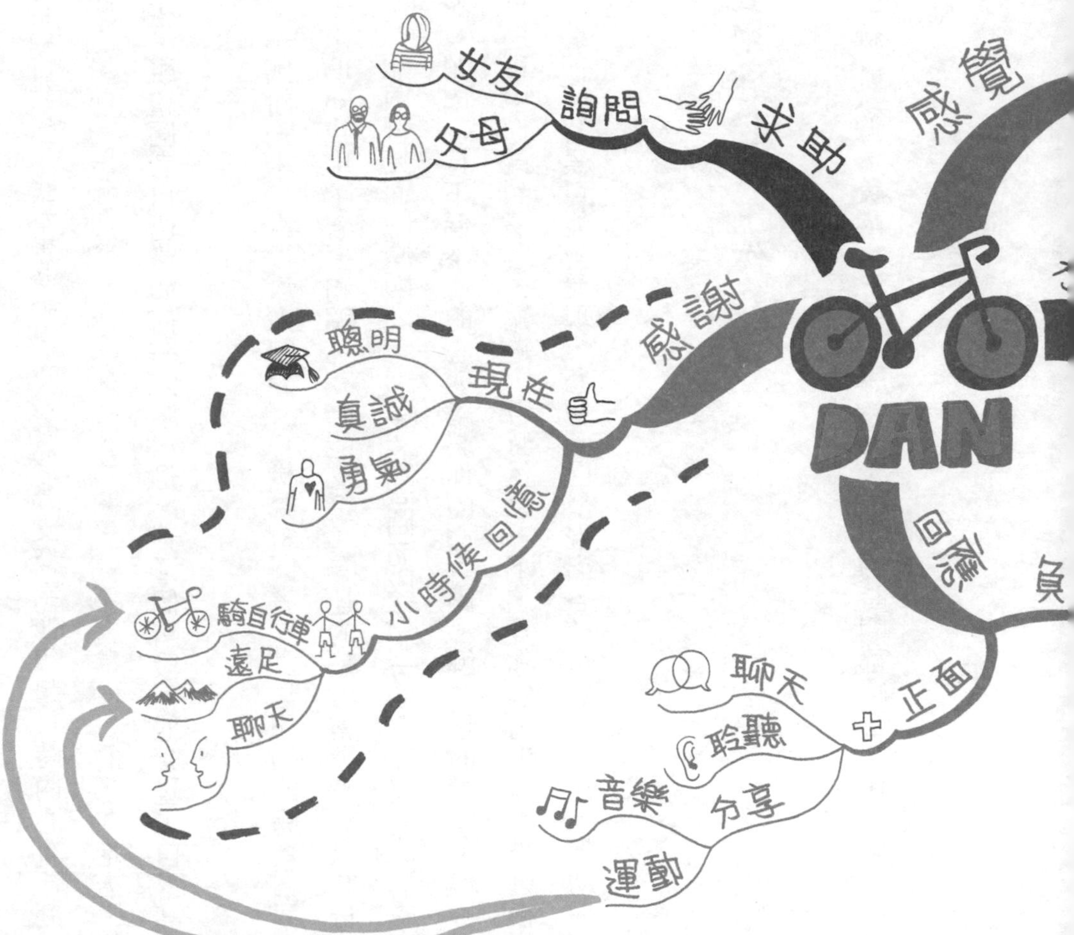

像，出自孩童時期兄弟一起騎車的記憶。第一個分支探索他想起丹時內心有什麼「感覺」，包含正面、負面。第二個分支深入探究，繪圖者「不喜歡」丹的那些地方。第三個分支則進一步檢視繪圖者自己是如何「回應」丹。到這個階段，他察覺了自己其實有更好的應對方式。

第四個分支「感謝」——畫得最大的分支，檢視繪圖者欣賞他兄弟的哪幾個面向。最後一條分支「求助」找出了若要和解，有誰能支援。有趣的是，繪製者原以為丹的女朋友是問題根源（難跟丹見面的原因之一），在心智圖完成後，反倒成為潛在助力。

請抱持真誠、開放，且不偏不倚的心態繪製你的心智圖。解決你的情緒，但心態要保持開放。如果過程中你感到傷心、難過，暫時休息一下，等你心情平靜下來之後再繼續。你再度著手進行的時候可能會發現，心智圖已呈現出各種可能的方法，幫助你跳脫困境。

心智圖主要用途❷：工作

根據最新的統計數據，英國人一生中平均有十二年的時間都給了工作。倫敦都會大學（London Metropolitan University）研究員還發現，這段期間平均有四年，都在接聽電話。雜誌《今日管理》（*Management Today*）調查宣稱，公部門員工的工作時間有將近兩年都在開會，而有半年是耗費在不必要的瑣事上……面對這些事實，我們該如何提高工作績效，而發覺工作對自己的意義？

無論你建立心智圖的目的，
是為了研究工作或專案管理，
請以玩樂的精神接近它，而不是把它當成公事，
你會得到一個雙贏結果！

接下來，我們會探討心智圖應用於商業領域的做法，從時間管理到研究、到報告撰寫。請同時參見第五章，關於心智圖法在其他工作場合更多的進階應用。

時間管理

心智圖法是一項多重任務的理想工具，它能幫你完成多重任務。你是否發現自己的工作陷入自動駕駛模式，根本沒有時機能安排事情重要次序？**在一週開始工作之前，或在前一週結束時，建立一幅工作心智圖，就能重新評估手邊工作的順序**。時間管理心智圖可依據一週七天建構，強調截止日期與重要活動，又或者BOIs可以反映你正投入的不同專案，次分支則探索該週各項專案的重要次序。你可能會想說，暫停工作來繪製心智圖不太合理，但是長遠來看，花十幾分鐘管理時間，其實為你省下更多時間！

研究某項主題

如果你是在辦公室裡工作，你在某些時間點可能需要執行某些研究，像是研究銷售績效、探索新市場，或是發想創意又省錢的做法。

利用心智圖研究某項主題時，可建立一個簡潔、直接的中央圖像。可能第一個主分支代表你打算採取的方法或角度；第二個主分支列出你得研究的資訊類別——像是證據、意見、客觀事實，及其他現有的研究與分析；第三個主分支是關於你的資源，次分支包括主要、次要資源。你的第四個主分支可能是，評估手邊資料的方法；第五個主分支則是，組織你的資訊與研究發現的方法。或許，第六個主分支就探討這次研究的呈現方法：如何使這份研究產生最大的影響。

次分支會進一步檢視這些主分支，請勿刪改它們。心智圖法是「跳脫框架思考」的好方法，當次分支出現空白，別擔心；那會鼓勵你想出創意方案來填滿缺口。

撰寫年度報告

下一頁的心智圖範例，是以建立年度報告為目標。在年度報告中公開你的會計帳目，可能是法規的要求，卻也是展現你過去一年業務與績效的機會，以便吸引投資人及顧客，同時讓你的組織在市場上脫穎而出。

你可以想一個能代表公司願景的中央圖像，比方說，你是一家橘子汁製造商，就像下頁圖表 2-7，會以一瓶四周圍繞著水果的時髦瓶子，來當作中央圖像。

接下來，我們來建構你年度報告的結構，每項元素分配一個主分支。你或許會發現，具創意的解決方案及一般想不到的方法，在這過程中不斷湧現腦海。例如，開場「介紹」或許可以錄一段執行長的話，再把影片的連結嵌入線上文件當中。「產業」其中一個分支可以探索產業「概況」，以及近期的調整為你公司帶來了什麼機會、挑戰。另一個分支可以深入報告下一個部分：企業「目標」（尤其是財務目標）的概略說明，還有若是公司設計領先市場、顧客服務更優越，將會產生何等效益。

接著移往「成績」主分支——這也很重要，因此在設計上多投入點創意吧。此外，你可以用一個分支提醒自己需考量的「財務」細節、另一個分支探索可能的結果。最後，利用一、兩個分支，想想如何設計書面報告（對於在創意或時尚產業工作的讀者來說，尤其重要），另外若這份報告會在某場活動場合中提出，可以怎樣呈現。

圖表2-7　撰擬年度報告的心智圖

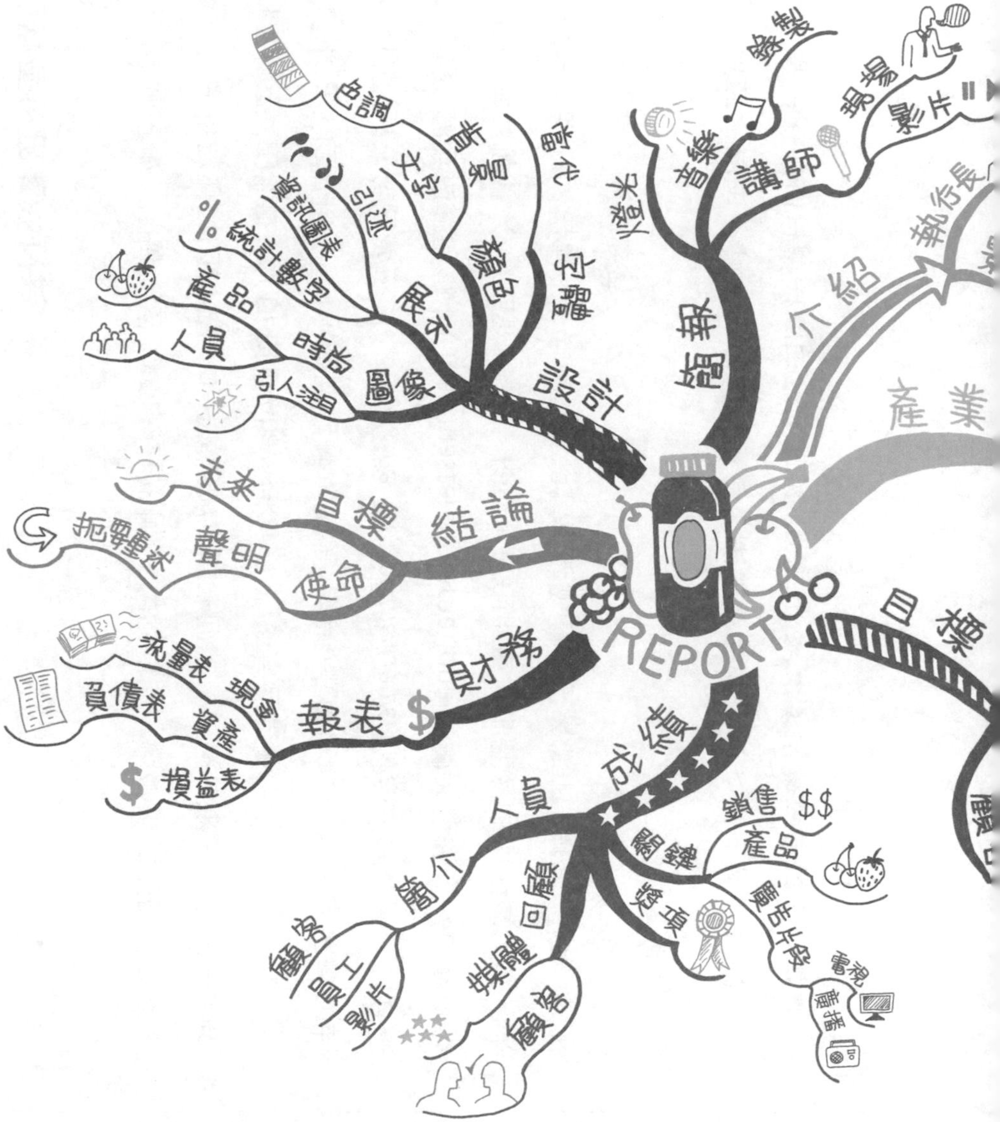

心智圖法的魔毯之旅

心智圖是一種卓越的規畫與記憶工具，它和工作、教育等領域密切相關，我們的工作與學習因這項工具出現而更快獲得回報、也更快樂，正如出生於斯里蘭卡的阿巴若博士（Dr Dilip Abayasekara）所描述的故事。

阿巴若博士是一位受歡迎的專業講師、溝通訓練師及作家，他的書包括《鬼怪之路：你內心渴望之旅》（*The Path of the Genie*）。他也是全球非營利教育組織「國際演講學會」（Toastmasters International，專責訓練個人成為有效的溝通者及領導人）前國際總裁。不過，阿巴若博士一開始是一名科學家。某天在他走路上班的途中，他聽到一卷關於心智圖法的錄音帶，當下就想了解更多。他的故事是這樣的：

我開始運用心智圖，而且每完成一張都能發現它的力量。當時我還是一名科學家。我在工作上應用心智圖法，利用它從實驗室筆記摘寫一份報告，並分析技術性議題、找出模式、獲得深度見解與組織資料。發現心智圖法潛在的應用，不只是令人興奮而已，它解放了我的心智，因為我可以將它用在所有面向！這項工具的力量令我興奮不已，現在我的妻子、兩個小孩都學會了心智圖法。

後來，我轉換跑道，如今身兼演說教練兼訓練師、大學教授及牧師。在所有這些令人開心的事業裡，有一項不能缺少的工具，那就是心智圖法。我教導數百名各領域的專家及牧師繪製心智圖。

我至今仍是「國際演講學會」的講師與會員，我習慣用心智圖法擬講稿。已經不用像以前為了準備演說，辛辛苦苦的條列每個句子！我發現，寫講稿這件事都變得更有趣，而且想法源源不絕、省下很多時間。一幅心智圖已經印在我心裡，因此我演說時根本不需要筆記。

事實上，我記得某天我驅車前往開車要一小時的「國際演講學會」俱樂部開會，路上我一邊開車，一邊口述，讓女兒幫我把講稿畫成心智圖。當晚，我便是用她繪製的那幅心智圖發表演講。

如果有誰曾懷疑過自己創意思考的天分，那麼我提供給你一個解決方法——別繼續在生活中拖累你的心智了！心智圖既能解放心智，它還讓你驚覺，自己目前的思考方式是多麼局限。使用心智圖，如果一個問題困擾你很久，你會發現自己找到了無限多種可能。

如果你從事學術或教育領域，你可以改編圖表2-7的年報心智圖（參見第一三一頁），讓它適用於授課、提交論文或撰寫文章（參見第一四〇頁「文章規畫」）。

規定你自己必須在二十分鐘以內構思好心智圖，這樣你的大腦才可以保持放鬆，而且你的思緒才能維持清晰。

卓越的專案管理

無論你是要組織一場會議、推出最新系列產品，或策畫學校遊戲，專案管理都勞心勞力。通常，它能切成幾個階段，從點子發想，和規畫、分派工作、分配資源，到指導並提出最終結果。無論專案管理處於什麼階段，心智圖必能助你一臂之力。

為了確保你的心智圖確實發揮成效，用一張紙納入所有你需要採取的步驟，必要時，也可以選擇「迷你心智圖」（參見第一九三頁）。繪製過程中請保持開放的心態，評估每項新點子的潛能。確保專案裡的每項重大任務或考量，都確實分配到專屬的分支。如果其中某個任務須立即解決，就用螢光筆加強與它相關的字與圖像。一旦完成某項任務，便打勾標示出來。

專案管理進階版心智圖，請見第一四六頁，波蘭企業家馬列克・卡斯帕斯基（Marek Kasperski）為其學生建立的心智圖，此心智圖包括目標、時程、任務、里程碑、品質、預算、行事曆、報告、資源、追蹤及結案等分支。你可以選擇、改寫ＢＯＩｓ，以符合你自己專案的需求。

心智圖主要用途❸：教育

我相信，每位孩童都應該學習繪製心智圖，作為他們接受完整教育的基本權利的一部分。經驗與研究皆顯示，心智圖如何能幫助年輕孩童與各年齡層的學生改善其專注力、理解力，進而融會貫通。

任何練習都一樣，如果你想達到完美境界，越早開始越好。想想那些畢業於曼紐因音樂學校（Yehudi Menuhin School），後來成為像奈吉．甘迺迪（Nigel Kennedy）及尼古拉．貝內戴堤（Nicola Benedetti）的新手小提琴家。不過，別只是聽我說……。

複習

到目前為止，我們清楚看到心智圖是一項**很有效的複習工具**，它把厚厚一本教科書，細分為容易消化的片段資訊。在讀書時期，我們都曾閱讀過偉大作家與思想家的作品，而且必須好好記在腦中，以便應付考試。本書第一章，為了了解心智圖法，我們舉莎士比亞為例。現在，便讓我們聚焦在他的名著《馬克白》（*Macbeth*）。

市面上流傳著一種迷信，說馬克白是一部受到詛咒的劇本，演員相信，在劇場裡提及他的名字是不吉利的。於是，他們採用「蘇格蘭的劇本」這樣委婉的說法。此劇本的核心是馬克白這個人，一位被野心、驕傲吞噬的戰士英雄。探討馬克白這個人的心智圖，可以使用一個形容他的說法，來當作中央圖像。

中央圖像是簡單勾勒就好，還是必須仔細繪製？其實不影響心智圖的成效，只要它是彩色的、充滿能量，而且能完美詮釋你的主題。

馬克白的主要特色之一是他的野心，因此「野心」便是這幅心智圖第一個分支上的字。這個分支的尾端是以一個箭頭，象徵他一飛沖天的抱負。其他主分支則是馬克白的其他人格特質：戰場上的「勇氣」、受折磨的「良知」，以及從一位英雄「轉變」為被野心吞噬的怪獸，中間經歷了什麼。

心智圖開始從主分支延伸出次分支（第二層），例如，馬克白的野心如何透過他渴望成為國王、建立屬於自己的皇家部隊而展現。接著加入第三層分支，指出馬克白每項主要人格特質，與他劇中的作為如何關聯——像是他的勇氣質變為害怕的過程，以及他

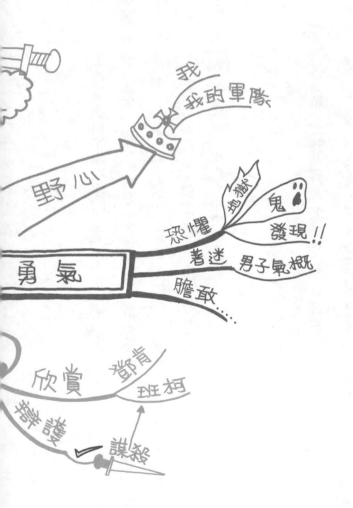

圖表2-8 複習的心智圖：馬克白

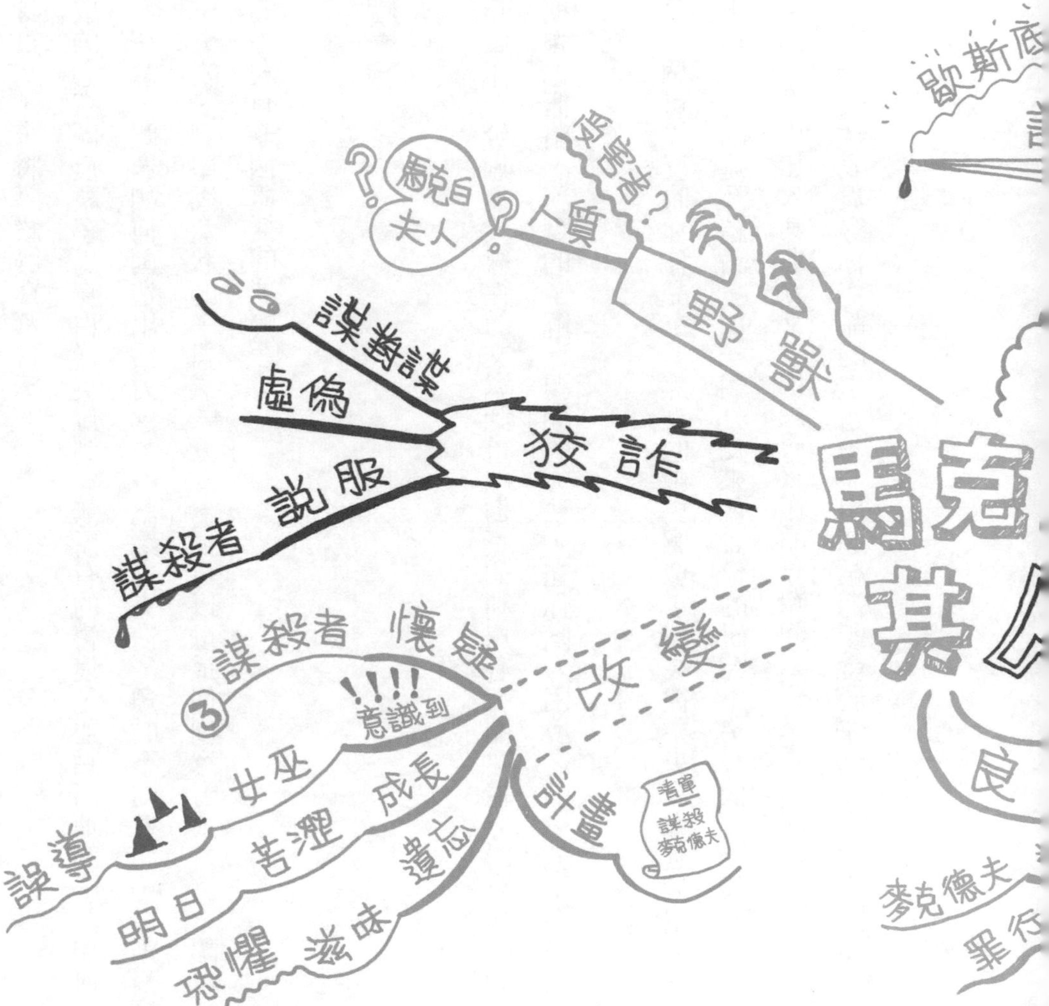

壓倒自身良知、來將謀殺解釋為合法。

完成的心智圖反映了馬克白從英雄到一無所有的轉變，並點出他的墮落如何影響該劇結局。注意，圖像如何創造出活力感，並記錄馬克白一角的不同構面，從鋸齒輪廓的「狡詐」分支、到堅固盒狀的「勇氣」分支。你可以以這個創意方式為例，讓自己對任何選定的主題有一個概括的理解。

文章規畫

與其製作一份無趣、線性的文章計畫，倒不如利用心智圖建構你的寫作。心智圖可以在初期讓你概略、務實的了解你預期的方法，在你陷入困境之前，就幫你找出論述中潛在的瑕疵。

建立一個可以反映你作品主要焦點的中央圖像，然後從中央圖像延伸出主分支，代表你的引言、主論述及結論。加一個分支來代表你的研究；另一個分支代表任何其他相關資訊；你也可以加入其他分支，代表與該作品有關的重要文本或圖表。

使用次分支代表貫穿你作品的主題，並用連結箭頭發展在你文章中不同部分之間的關係。意元集組也是一種連結不同主題的方法。多運用符號與圖像，以激發想像力。

隨著你的心智圖一步步發展，特定關鍵字與圖像會突然從各個分支的周圍湧現，接著產生新的迷你心智圖。遇到這種情況，讓你的心智、選項保持開放，讓它們引導你前往它們想引導你去的地方。

一旦你完成草稿心智圖，並精煉你的論述、填寫引言與結論後，你會發現可以這張草稿為基底，繪製下一個更「精煉」的心智圖。撰寫文章就能隨時參考這兩幅心智圖。撰寫文章的步驟也可以稍加調整，讓你的心智圖成為一項卓越的複習輔助工具，如同圖表 2-8（參見第一三九頁）探討的馬克白一角那樣。

各年齡層適用的心智圖

有時候我會被問到，心智圖能否提供不同年齡層的人使用，而且成效都一樣？這個問題的答案絕對是「可以」！

心智圖法技巧無關乎年齡、性別、種族或信念；心智圖反映的是大腦的原始智能。

心智圖是心智內部運作的一面鏡子。透過這種方式，一個聰明、想像力豐富的小孩，就像身經百戰的執行長一樣，可以創造出實用心智圖。再者，所有孩童都有一套「兒童套件」式的問題——為什麼、如何、什麼、何時、哪裡，那就像是幫助他們攀登知識巔峰的爪鉤。繪製心智圖時，成年人若採用孩童般的方法，效果又更好。

讓我們提醒自己，心智圖法則（參見第八十四頁）並不強調專業知識或經驗。繪製心智圖時，顏色、想像力及創造力的運用，更加強化了藝術技巧的自然發展。此外，心智圖是由圖像及個別關鍵字所建構起來的，而不是辭句的表達。這代表心智圖可以避開胡扯，直指問題的核心。

最重要的是，心智圖仰賴放射式思考之力，而不是推斷與歸納。作為一種擺脫偏見的思考工具，心智圖繪製出大腦運作的過程，不是聚焦於結論、結果。

灌溉一座想法花園

馬列克・卡斯帕斯基是一名波蘭企業家，也是《腦細胞》（*Synapsia*）雜誌的線上編輯及講師。他解釋心智圖如何讓他的教學方法變得更活潑，同時他的心智圖也呈現出進階版才會有的那類細節：

心智圖就像一座花園，想法可以在那裡茁壯、開花，而觀賞者受其啟發。身為一名高等教育的講師，我經常需要對學習進度不同的學生解釋深度的觀念。心智圖讓我的學生更容易記住要點。心智圖激發他們的想像力，進而發現新的探索領域、探究先前沒考慮過的問題。

我為班級建立的心智圖，從非常小的觀念心智圖、到包含整個主題的大型心智圖都有。我發現，依循心智圖法則至關重要。我的學生對圖像的反應非常好，尤其對母語不是英語的學生而論，因為圖像屬於共通語言。許多顏色也很重要，不單是因為整體看起來比較有趣，顏色能幫助學生分析各個分支中不可或缺的元素。

我鼓勵學生用圖像取代文字。在我心智圖裡討論的許多觀念，都與其他想法產生連結。這有助於將零散的點子，匯聚成一個大想法。

你想知道什麼？

我認為，身為人必須終生學習，你可曾為學習陌生的學科或技能，雀躍不已嗎？

暫且不談你的年齡、環境，你都能透過鍛鍊你的大腦來督促自己，讓你的智力保持敏銳。如果你想培養任何才能，或深入了解特定主題，我鼓勵你以心智圖探索這種衝動。

你對什麼主題感興趣？這就是你的中央圖像，盡量使該圖像多彩、富想像力、打動人心。

考量主分支主題時，可以從以下問題著手：

- 這個主題將為你帶來什麼好處？
- 還需要再準備哪些學習輔助工具？
- 在什麼場所學習效果好？
- 你想學習的主題，與這社會有什麼關聯？
- 你希望得到什麼成果？證照、技能，還是讓履歷好看一些？
- 可有什麼考量或障礙？你有什麼方法可以解決它？

你的次分支則進一步檢視這些問題及任何相關的點，全程運用圖像及符號。完成時，好好檢視你的心智圖。根據你的發現，你會採取什麼行動？

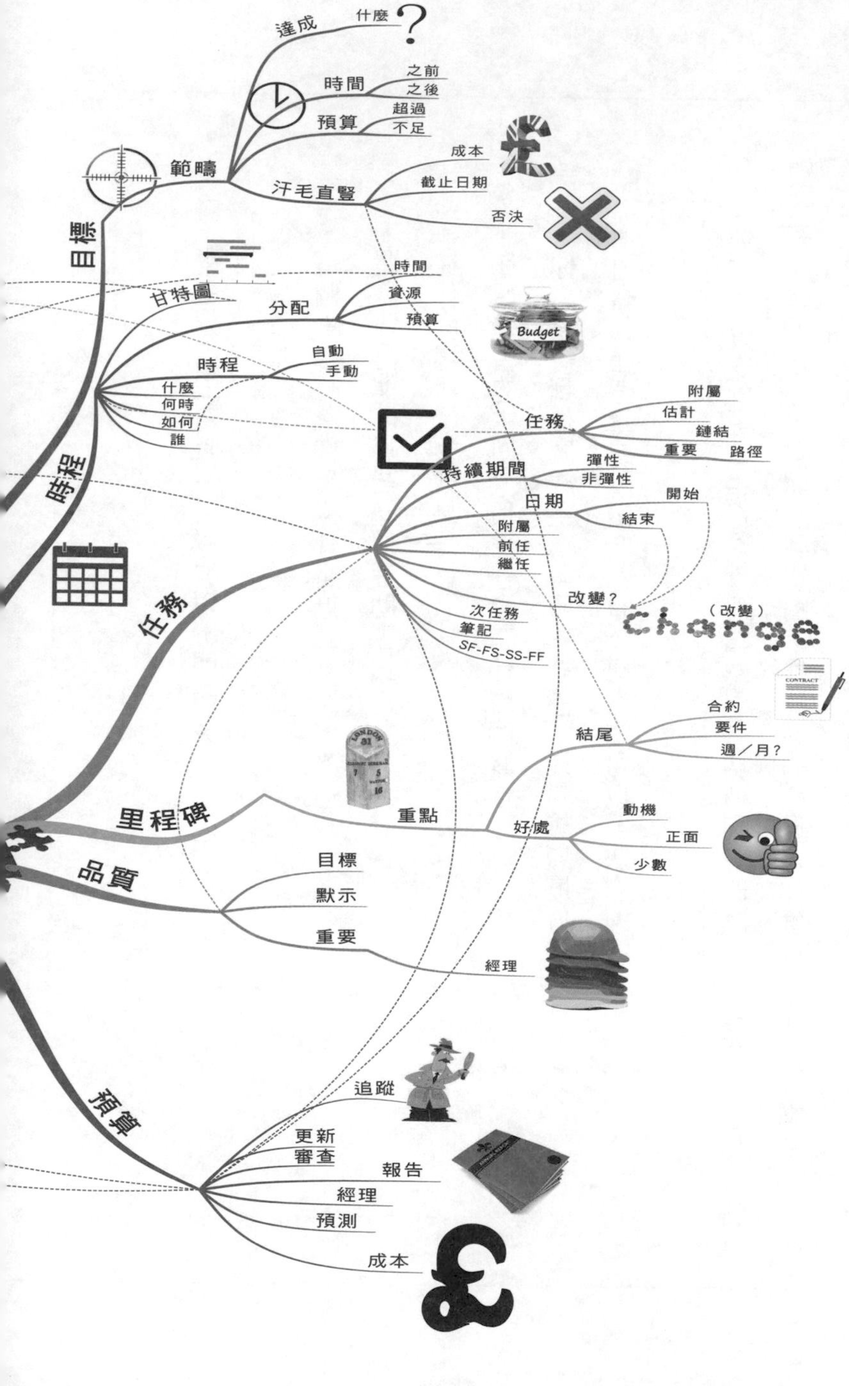
目標
範疇
達成
什麼
時間
之前
之後
預算
超過
不足
汗毛直豎
成本
截止日期
否決
時程
甘特圖
分配
時間
資源
預算
Budget
時程
自動
手動
什麼
何時
如何
誰
任務
任務
附屬
估計
鏈結
重要
路徑
持續期間
彈性
非彈性
日期
開始
結束
附屬
前任
繼任
改變？
次任務
筆記
SF-FS-SS-FF
（改變）
Change
CONTRACT
里程碑
重點
結尾
合約
要件
週／月？
好處
動機
正面
少數
品質
目標
默示
重要
經理
預算
追蹤
更新
審查
報告
經理
預測
成本

圖表2-9
馬列克・卡斯帕斯基的專案管理心智圖

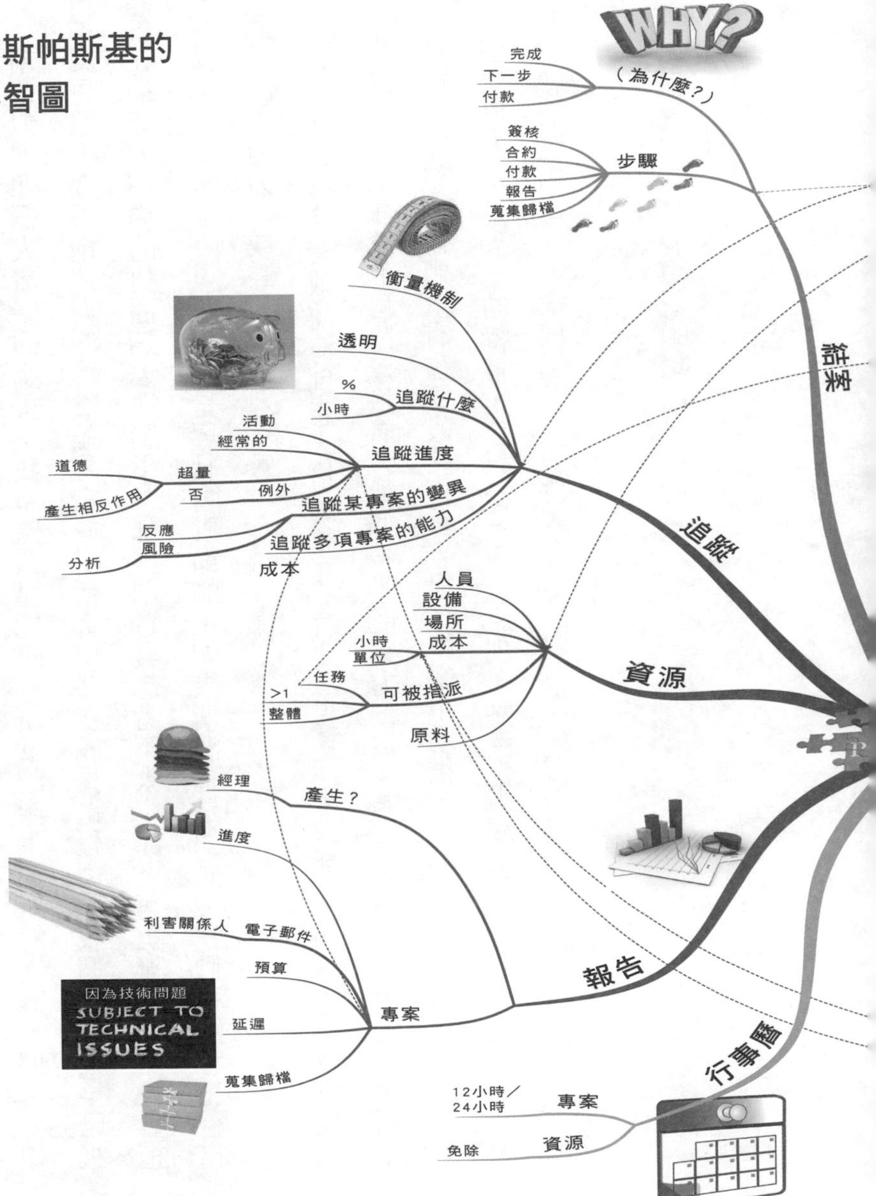

心智圖主要用途❹：創意發想

創造力就像個人發展的金蛋：我希望自己能隨心所欲的產生創新的提案，但是要如何攀爬豆莖，取得創造力的珍寶並將它於生活實現？在成長過程中，我們許多人早已被圍繞在創造力四周的負面迷思洗腦了：那些創意發想者不太牢靠、有勇無謀，而且會拖累周圍的人；他們在某種程度是與社會脫節的。如果情況真是如此，我們不願意正視自己擁有的創造力，或許並不令人訝異。

有一種方法能有效認清創意人格的諸多優點：這樣的人大都是先驅、打破成規的人、發明家及有謀略的風險承擔者。他們多半能獨力創造、靈活、專注、吸睛、鍥而不舍，且敢於夢想。他們擁有孩子般的特質，但性格卻不幼稚。

創意思考不是天才的特權，它只是一種以原創、跳脫常規的方式思考的能力。你的創造力就像肌肉一樣，鍛鍊越多，便會讓它越強健。你練習創意思考的時間越長：

- 你就越容易發想新的想法。

- 你對新觀點的接受度就越高。
- 你的想法便越具獨創性。

創造力與遊戲是一體兩面，它們與學習、發現、放鬆、健康與生產力息息相關。飛禽走獸會玩耍，無論在野外的或馴養的；魚類、爬行動物、甚至昆蟲也是一樣。孩童時期，遊戲改變了前額葉皮質（prefrontal cortex）當中神經元的連接，並協助接上大腦的執行控制中心。該中心在管理情緒、訂定計畫及解決問題方面，扮演關鍵角色。遊戲強化腦細胞和樹突之間的連結，進而在孩童大腦建立一個連結的網際網路——換句話說，如我們在第一章討論的，那其實是孩童的內在心智圖。

如果運氣夠好，手上的工作有時對我們而言，會散發遊戲般的吸引力。但如果沒那麼幸運，我們就需要找到方法將遊戲元素引入生活中。在第一四五頁，我們看到如何運用心智圖法選擇一個新的學習主題，或熟練某項新技能；這項技巧可以輕易調整，協助你培養出愛好或運動習慣。你還可以因為找到有效的休息法，而為休閒時間增值。

告訴我吧，你打算在你瘋狂且寶貴的有限生命裡做些什麼？

——瑪麗．奧立佛（Mary Oliver），《夏日》（*The Summer Day*）

充分利用你的休閒時間

有句話是這麼說的，「沒有人在臨終前會說：『我希望多花點時間在辦公室。』」我很肯定，同樣不會有人希望多花時間看電視。套句美國詩人瑪麗．奧立佛的詩句，我們只有一次「瘋狂且寶貴的有限生命」，那麼讓自己善用心智圖，充分利用有限時間吧。

如果你發現自己陷入窮忙，心智圖可以幫助你找出每天屬於自己的時間，並探索你心底想如何利用這段時間。無論你是決定鑽研新知識、報名進修部的課，或是去體育館、足球場運動度週末，都是你的自由。

這類心智圖便是為了讓你自由表達自己的創造力，盡可能試著在運用圖像時發揮創造力。下頁圖表 2-10 的中央圖像，是一個用絲帶包裝的時鐘，代表你為自己的目標騰出了時間，可能是繪畫、遠足及旅行。

你不僅可以利用心智圖找出，你認為空閒時間確切該做的事，也可以找出你何時可以做：某些事情適合利用午休、通勤時間享受，而某些活動可以排在平日晚上或週末進行。你或許夢想有一段休假，可以一訪非洲或印度？是的話，把它放在你的心智圖上！唯有了解目標，才能去實現它。

創造力當然可以有許多形式——從繪畫西斯汀教堂（Sistine Chapel）的天花板、到準備一頓美味的午餐，從寫一本書到舉辦派對，從作曲到吹奏六孔小笛。無論創造力是透過什麼形式發揮出來，別放過心智圖為你創造的機會。

圖表2-10　充分利用你的休閒時間的心智圖

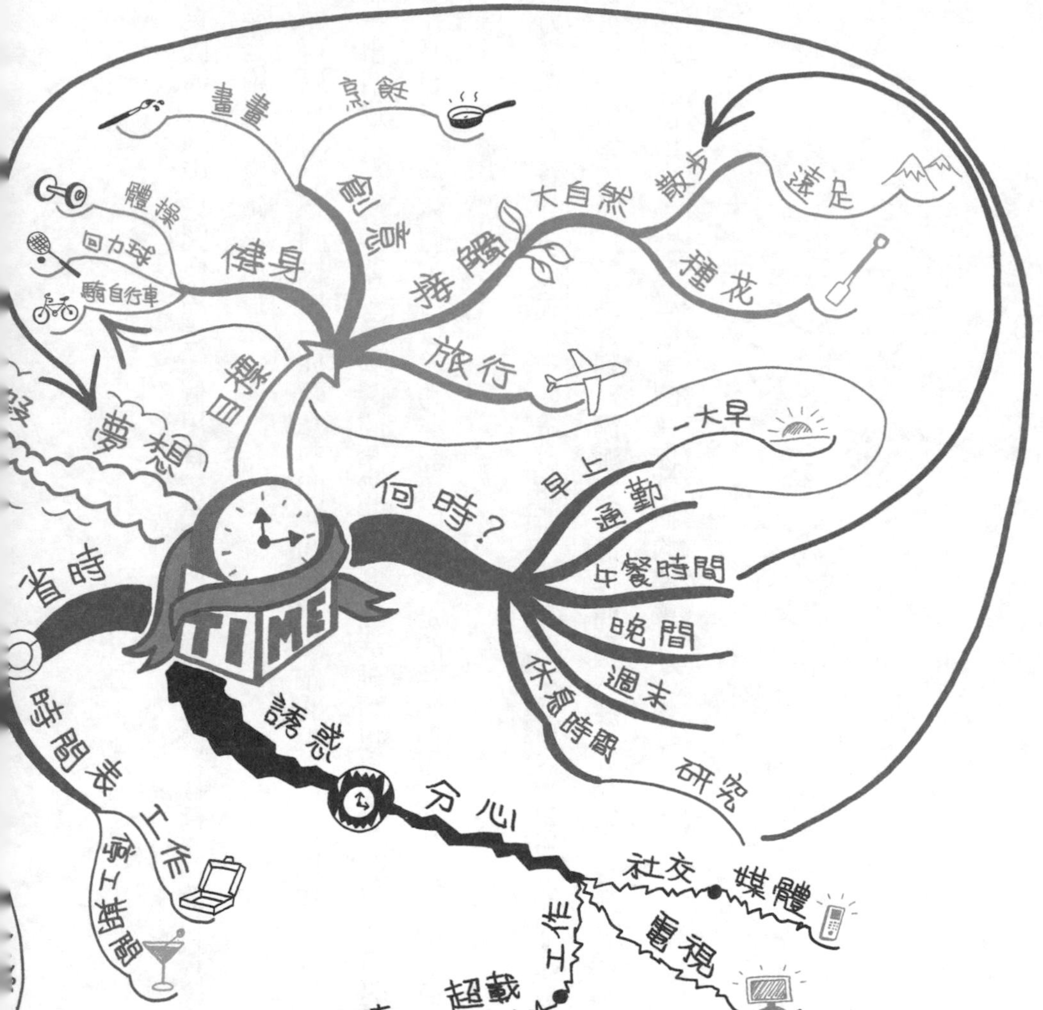

創造力練習

我在第一章（參見第四十八頁）解釋放射性思考，也帶著讀者認識人類語言。我們發現每個人自出生起便擅長聯想與想像。現在我邀請你玩個小遊戲。

多年來，當我傳授心智圖法及記憶改善技能時，我都採用這個練習。我發現，英國已故偉大詩人泰德·休斯（Ted Hughes，一九三〇年～一九九八年）

在教導學生如何寫詩時，也發展出類似的練習。那項練習能彰顯存在我們每個人內在的創意火花。開始前，手邊先準備一本字典。

- 隨機挑選單一物體。這可能是你在房裡看到的，或是你腦海裡浮現的。
- 閉上你的眼睛，翻開手邊的字典，把你的手指放在頁面上。
- 現在睜開你的眼睛，然後把你選到的字寫下來。
- 重複九遍，隨機翻閱手邊的字典，直到你找到十個不同的字。
- 現在，盡你所能找出該物體與那十個字各別的聯想。

即使你覺得這麼做有點難，也別放棄，我保證你找得出來，無論這些聯想有多麼古怪！

大約二十分鐘後，看看你得到的連結。

你很有創意，不是嗎？

如何活出十足的創意？

菲爾．錢伯斯（Phil Chambers）是「世界心智圖法錦標賽」的冠軍，也是「世界記憶運動理事會」（World Memory Sports Council）總裁判，他更是成功的商業人士，而且是《如何訓練你的記憶》（*How to Train Your Memory*）一書的作者。他解釋心智圖在這三十多年來如何啟發他的創意思考：

心智圖幫我複習學校的考試。初期的那幾張看起來比較像蜘蛛示意圖，顏色豐富但是缺乏結構，而且包括簡短語句。不過，還是比一紙清單實用很多。大學時，我繪製心智圖的技巧提升了，而且我的臥室牆上就掛著一大幅心智圖。

如今，我開始寫作之前，會使用心智圖來構想大綱。在坐下來打字之前先想清楚，你想說的話是否合乎情理。我讓思考流程與寫作流程分開，因此幾乎不需要再擬草稿，而且最終得到一份更為流暢的文稿。

圖表2-11　菲爾・錢伯斯使用心智圖法的心智圖

身為講師，我絕大部分的工作是製作簡報。準備簡報時，我會製作包含不同主題、行動及概念流的心智圖。這允許我建立適當的投影片，然後利用心智圖作為完美的圖解，指導學生確實了解整個學期的知識。

生活忙碌的一個大問題，是時間規畫。心智圖完美的解決了這個問題，小則一張快速的日計畫、大則月計畫。我喜歡在書桌旁擺一張心智圖及螢光筆，每完成一項任務就把它劃掉。

我喜歡把心智圖當生日禮物或聖誕卡片送給其他人。每年我都會挑選一首聖誕歌曲，製作一份包含幽默歌詞與圖像的動態心智圖。從右頁圖表2-11可以看出，心智圖法在我人生中，扮演舉足輕重的角色。

心智圖主要用途❺：身心福祉

身體福祉、心理福祉之間存有正面關係，這是經過證實的。如今，遊說團體正試圖讓政府在擬政策時，承認兩者之間的關係。他們認為，不應將心理健康和身體健康分隔來看。

我一直都喜歡划船及跑步等活動，而且我堅信，為了維持心理上的強健，你應該顧好身體。我也相信，心理狀況不佳可能危害身體健康，甚至讓某些情況變得更糟。

五次奧運金牌得主史蒂夫・雷德格雷夫爵士（Sir Steve Redgrave）對身、心的關係有深刻的見解。他強調大腦對任何運動成就的重要性，他說：「當你競賽到一個高水平時，你必須具備非常強健的心理。」他堅定的支持我和同伴的志業，他說：

「東尼・博贊是我所遇過極少數，透澈了解大腦對運動員的重要性的人。」

達成全方位（身心靈）福祉

我們近年來漸漸明白，維持良好體態不只是勤於運動、控制飲食，還要促進多方面的福祉，包括適當的補充身體營養、睡得飽、紓壓，也要從事能令自己感到開心的事。好消息是，你不必花錢聘請私人教練，也能讓自己感覺、看起來良好。反之，你可以利用心智圖，建立自己的全方位福祉計畫。試著建立一個活力洋溢與健康完善的中央圖像，以激發你的靈感。你的主分支，反映對你全方位福祉有幫助的主要領域——下頁圖表 2-12 探討與營養、運動、減壓、睡眠及幸福等相關的領域，但是你也可以專注於略微不同的領域。填寫次分支時，檢視是什麼支持你的整體福祉、有什麼阻礙，你會因此看到某個令你獲益的活動。或許，運動不僅可以作為健身的目標，還能讓你睡得更沉、舒緩壓力。

你投入心智圖越多，它告訴你的就越多。讓心智圖成為你的頭號私人教練吧！

圖表2-12　達成全方位（身心靈）福祉心智圖

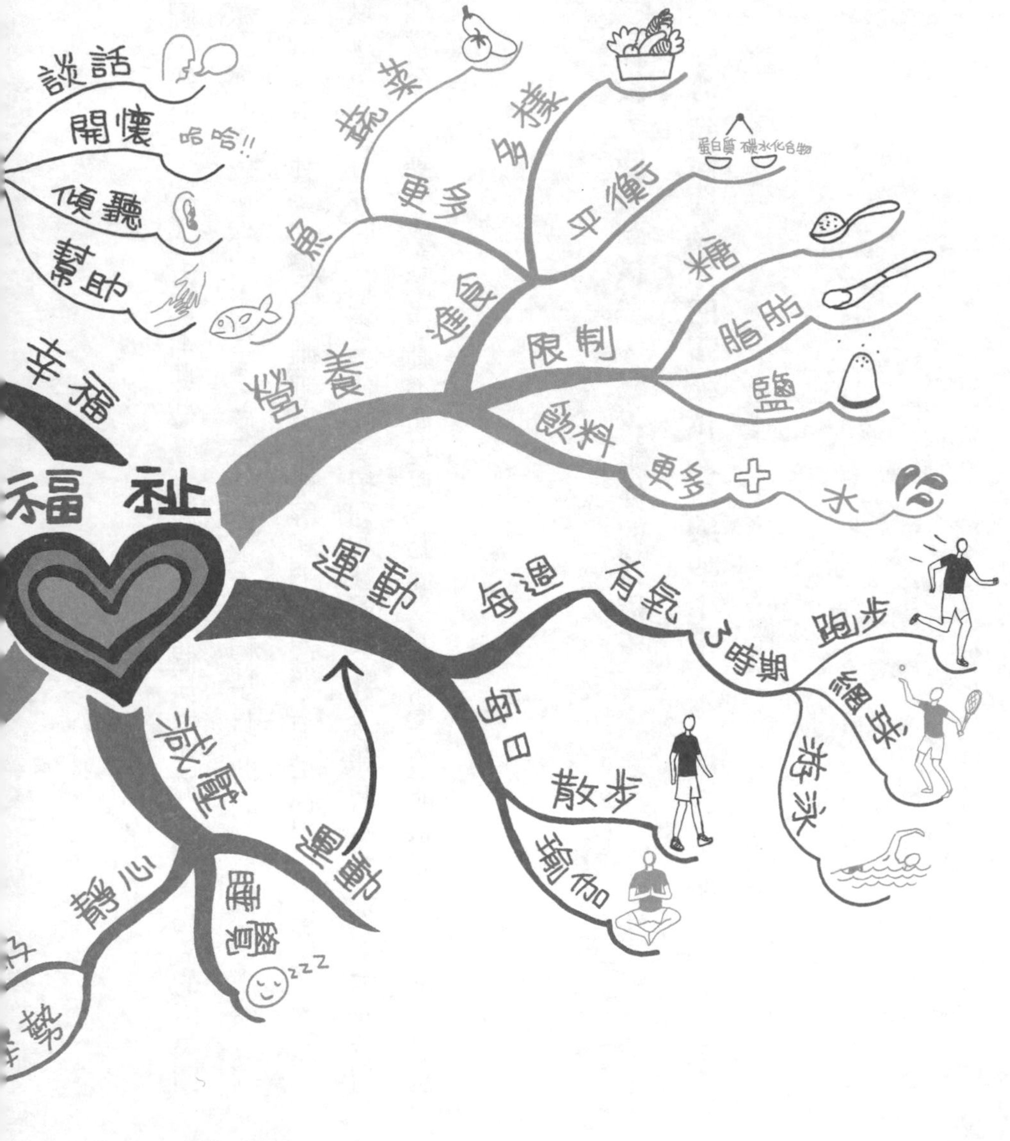

好好進食

心智圖也可以用於探討營養攝取上，確保每日三餐的飲食健康，均勻包含了各大類食物（碳水化合物、蛋白質、乳製品、水果與蔬菜及脂肪與糖）。

你可以調整你的私人心智圖單週規畫表（參見第一一六頁），將心智圖用於每週飲

食規畫表，綜覽你都吃下了什麼，而不是只記住在什麼場合、跟誰吃，然後進一步列出每餐的食材及營養價值。當你建立一份「好好進食」心智圖之後，一張購物清單自動產生了。

如果你想在飲食中加入更多維他命與礦物質，試著建立一份心智圖，將你需要的營養及具備該營養的食物列出來。有主要幾項維他命的來源並不那麼明顯，所以我將它們列在左頁圖表2-13，供讀者參考。

一旦你決定好中央圖像（或許是標註「V&M」的瓶子，如果你想吸引人們的目光，也可以選擇一張容光煥發的人的圖片），為每項主要的維他命群及礦物質建立一個分支，然後於次分支填入符號和圖像。利用箭頭來強調不同群組之間的鏈結。最後，你可以把張心智圖裱框、掛在牆上，它是你的飲食地圖、食譜，確保飲食均衡。

心智圖主要用途❻：記憶

如先前幾章提及的，最初我會發明心智圖，是為了能快速記憶，它可說是有助人們記憶最大量資訊的工具之一。本章排入的每幅心智圖都會強化你的記憶，無論是將教材

圖表2-13　主要營養攝取來源

維他命／礦物質	來源
維他命A	起司、蛋、油魚、奶製品及優格、肝臟及肝醬
維他命B群	豆類、水果、蛋、肉類、蔬菜
葉酸	花椰菜、菠菜、蘆筍、豆類、鷹嘴豆
維他命C	柑橘、青椒紅椒、草莓、馬鈴薯
維他命D	油魚、紅肉、肝臟、蛋黃
維他命E	種子與堅果類、橄欖油、小麥胚芽
維他命K	葉綠蔬菜、植物油、穀類
鈣	奶製品、葉綠蔬菜、豆腐、醬油、堅果類
碘	魚、貝類
鐵	肉類、豆類、堅果類、深色蔬菜

心智圖也可以用於探討營養攝取。

重點嵌入大腦，以便複習考試或寫論文，或是記住一個星期內的、待處理事項清單，還有提醒自己要好好運動、好好進食。

我們已經了解，聯想在建構心智圖時有多麼重要了。它可豐富心智圖的分支、鼓勵它自中央圖像有組織的往外放射。除此之外，聯想還扮演記憶本身的一把鑰匙。

一九六九年，美國認知科學家艾倫．柯林斯（Allan M. Collins）及羅斯．奎廉（M. Ross Quillian）測試一種加速喚醒記憶的記憶組織方法，讓我們可以毫無遲疑的深入自己的記憶銀行。他們發現，我們的「語義記憶」（semantic memory，我們透過邏輯和語言理解這世界的方法）被類似於圖書館分類的方式組織起來，包含相互關聯的類別或節點，代表特定特點或概念，它們再彼此相連結。

我們獨有的經驗塑造出這些連結，亦即，每個人都有他自己的聯想蜘蛛網，例如，「鳥」聯想到「飛行」、「飛行」再聯想到「天空」。心智圖和這個過程是一致的，選定一個主題，利用想像力、聯想，鏈接所有心智圖者對於這項主題的知識。

為了提高你對特定主題的記憶力，而且充分利用這筆資訊，你必須建立屬於自己的心智圖，而不是直接參照其他人的完成品。這也是為什麼我偏好手繪心智圖更勝於數位版，當然兩者都很實用。要理解別人的心智圖可能比較困難一點，因為其他人聯想及鏈接資訊的方式，和你的不盡相同，而那些微的差異，便會降低心智圖對你帶來的效果。

發自真心的廢話

愛德華·李爾（Edward Lear，一八一二年～一八八八年）是一位英國藝術家及作家，他許多著名的成就包括：擔任維多利亞女王（Queen Victoria）的藝術老師，寫下精彩的荒誕詩文（nonsense verse）。或許他如今最膾炙人口的是《貓頭鷹與小貓咪》（*The Owl and the Pussycat*）。

今天，讓我們暫且把那些有羽毛及毛茸茸的朋友，留在文學作品裡。我想邀請讀者閱讀李爾的五行打油詩：

有一位老人說了：「噓！

「我在觀察樹叢裡的幼鳥！」

有人問：「牠很小嗎？」

老人回答：「一點也不！
「牠是樹叢的四倍大！」

現在，繪製一幅納入這首五行打油詩的意象的心智圖。當你完成時，花五到十分鐘好好研究你的心智圖，或直到你認為你已記住其中的資訊。然後把它擺一旁。

取一張空白的紙，回想並寫下記憶中的那首打油詩。結果如何？

如果你喜歡這樣的流程，繼續針對另一首較長的詩，畫第二、第三張心智圖。在你意識到之前，你已經記住所有敘事歌謠了！

當我們試著複習並記憶資訊時，問題往往發生在短期記憶，因為這是新資訊在傳遞給長期記憶前最初彙集的場所。本章開頭，我們看到心理學家喬治・阿米蒂奇・米勒如何發現短期記憶只能存放大約七條資訊。如果要讓這些資訊成為長期記憶，必須在傳遞之前先組織、排練，這正是為什麼考前臨時抱佛腳沒效果：為了有效記住資訊，它必須以某種方式加以整理和連結。而這當然是意元集組在心智圖當中，所發揮的本事：喚醒資訊。

真的動手建立心智圖，
這個動作讓其中的資訊更難忘，
讓你能視覺化並回想起建立心智圖的過程。
透過顏色和圖像的運用，
心智圖吸引大腦主動抓緊這段資訊。

如果你希望確切想起心智圖裡的資訊，我建議你花點時間仔細研究並複習它的連結、圖像與分支。你投入越多心力，資訊就越深入你的記憶。

從規畫派對到挽回關係、記憶歌詞或製作專業的簡報，心智圖因為將任務、教材或情境，拆解為個別的元素，而讓事情好管理多了。它凸顯連結，並透過尋找解決方案、記憶細節及改善結果，邀請大腦積極參與，而不只是被動的填裝資訊。

不過，有許多時候「心智圖」顯然不是心智圖。你如何辨識心智圖的真偽？讀者可在下一章找到解答。

第3章

什麼不是心智圖？

此章意欲破除圍繞在心智圖周圍的迷思，
也審視錯誤案例，解釋為什麼
偽心智圖不像那些遵循心智圖法則的心智圖那般有用。
它提供建立正宗心智圖的便利提示，
並指導讀者辨識冒牌貨的法則。

心智圖自一九五〇、一九六〇年代發明以來，它就不斷幫助世界各地的人——如今仍持續在改變人們的生活。

有鑑於心智圖的普及，各種迷思與誤解不斷出現，這或許並不令人訝異。每當我遇到一些常見的誤解，心便會往下沉，例如有不少人誤以為心智圖就是蜘蛛示意圖。

再者，心智圖和示意圖（像是概念圖和金字塔示意圖等）之間若是存在任何混淆，人們便可能無法體會心智圖的力量。同樣的，每當我遇到一些人，說自己接受過那些「號稱」是心智圖法專家的不恰當訓練，我總是會沮喪不已。

讓我們去蕪存菁，來釐清心智圖是什麼、又不是什麼。

打擊迷思

在第一章及第二章，我們簡單瀏覽心智圖與視覺化思考的歷史進程，也看到了這項思考工具可以回溯到石器時代的洞穴藝術。我們簡單談到古希臘等文化的開創性實務，也斟酌查爾斯．達爾文等那些使用示意圖發展其理論的天才的作品。

不幸的是，如今有些人分不清「相似」與「一致」的差異，他們誤把心智圖的起源歸功於腓尼基（Phoenician）⓫哲學家泰爾（Tyros）的波菲利（Porphyry，二三二年～三〇三年）。波菲利是新柏拉圖主義者，他利用一般被稱為樹形圖的示意圖來組織亞里斯多德的思想，它的布局與猶太教卡巴拉教派（Kabbalistic）的神祕傳統「生命之樹」（Tree of Life）沒有區別。波菲利的示意圖沒有中央圖像（參見第六十六頁），也沒有任何圖解。字詞按部就班的擺在球體和連結路徑中。它的思考方式與朝四周放射的心智圖全然不同。

同樣的，我也遇過一些人，認為李奧納多．達文西是心智圖發明者。這或許並不奇怪：畢竟，達文西的思想是如此領先時代，甚至在萊特兄弟（Wright brothers）於一九〇三年成功駕乘第一架動力飛機的四百年前，他便已描繪出機翼裝置及人力「撲翼機」等古怪玩藝。達文西的筆記結合文字與和圖像，這形塑了我對人類思想本質的初期研究。然而，這位偉大的藝術家、思想家並沒有運用顏色。顏色是心智圖的必備元素。

⑪ 譯註：古代地中海東岸的一個地區，其範圍接近於今天的黎巴嫩和敘利亞。

當然了，也有人將心智圖的發明歸功於英國科學家艾薩克．牛頓爵士（Sir Isaac Newton，一六四二年～一七二七年），牛頓因為觀察蘋果從樹上落下而發現重力。這位科學家利用有趣的概念圖來描繪他的想法，但這些圖也是單色，並採取向上生長的「樹」狀，而不是如同星爆圖般向外擴展，就像心智圖於頁面開枝散葉那般。雖然像達文西及牛頓這類天才的思想是不朽的，但是把示意圖與現代心智圖混為一談，就有點像把自行車說成是摩托車。

張冠李戴的案例

不熟悉心智圖及尚未掌握心智圖法則（參見第八十四頁）的人，一開始可能發現自己製作的示意圖，表面看起來與心智圖相似，卻發現完全不是那麼一回事，反倒更像是蜘蛛圖（spider diagram）、金字塔圖（pyramid diagram）、概念圖（concept map）、魚骨圖（fishbone diagram），或是旭日圖（sunburst chart）。

蜘蛛圖

如同心智圖一般，蜘蛛圖可用於規畫論文及組織想法。它們通常有高度結構化的布局，蜘蛛腳從中心想法往四周延伸。與心智圖不同的是，它們不一定會利用顏色，也很少使用圖像。蜘蛛圖的腳通常是線性的、細長的，而不像心智圖是有組織且粗細不一。

金字塔圖

金字塔圖類似蜘蛛圖，但是更加強調階層。蜘蛛圖或心智圖的主要想法位於中央，而金字塔圖的核心概念則位於頂部，相關聯的想法依序向下發展。這意味著，眼睛是以單一方向、僵化、線性的方式，由上至下掃描頁面，而不是採能激發大腦得出新鮮聯想與新見解的方式，自由瀏覽圖面。

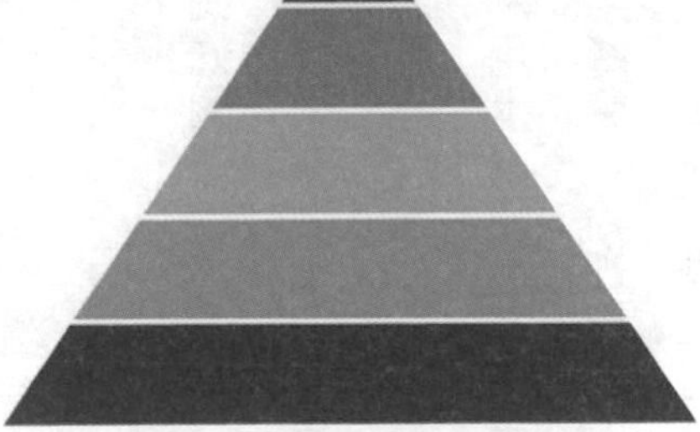

圖表3-1　金字塔圖

把蜘蛛腳還給蜘蛛

圖表3-2　蜘蛛圖

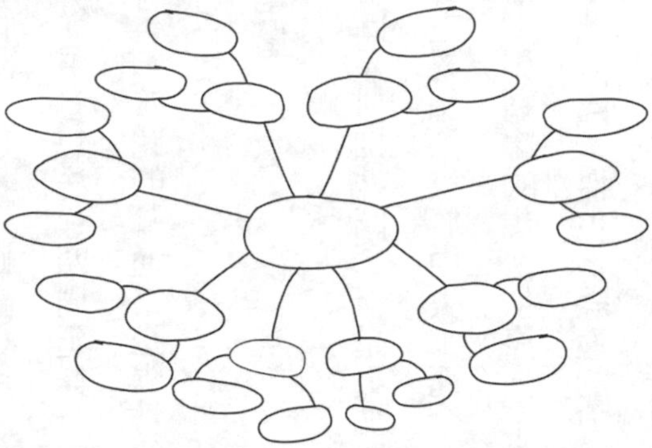

仔細看看上面的蜘蛛圖：

接著，翻回第一章「如何繪製心智圖」，再仔細閱讀一次那七個步驟。

當你準備好時，利用上面的範本作為作為概略的指南，放手繪製一幅蜘蛛圖，然後利用這項資訊繪製一幅心智圖。

當你完成後，拿兩者相比較。

哪個圖像最引人注目且令人難忘？為什麼？參考你從第二章複製下來的心智圖法則。有哪些法則讓心智圖比蜘蛛圖在視覺上更吸引人？

概念圖

概念圖是以置放在框框或圈圈裡的文字／片語這種形式，呈現想法與資訊。和金字塔圖一樣，這些單元以向下分岔的階層結構相互連結，這代表概念圖傾向由上往下閱讀，加上所有必要的限制。它們的連結箭頭通常會被標記，就像心智圖的分支一樣。不過，概念圖連結箭頭上的標籤，可以是一個詞或一句話，若是一句話，就減弱了該工具的影響力。此外，顏色和圖像並非這些圖形工具的特色，因此降低了概念圖的視覺影響，以及它對大腦的吸引力。概念圖通常具有教學功能，呈現需要靠死記硬背而習得的資訊，相對的，心智圖可激盪腦力和用於構思新策略，以及許多其他具創意的方法。

魚骨圖

魚骨圖因其形狀而得名，又稱為石川圖（Ishikawa diagram），是日本

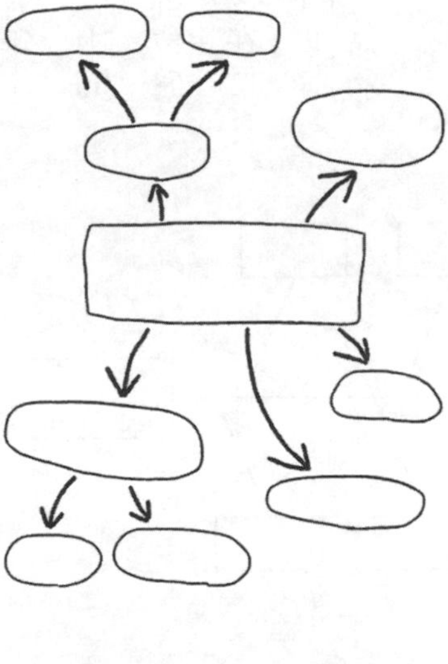

圖表3-3　概念圖

組織理論家石川馨（Kaoru Ishikawa，一九一五年～一九八九年）於一九六〇年代推廣的。魚骨圖中的「骨」與特定因素或考量有關，而累積效應則位於「頭部」，這代表魚骨圖通常由左至右閱讀（在日本是由右至左）。它是線性的、單色的，它的焦點放在因果關係，而不是寄望它能激發想像。

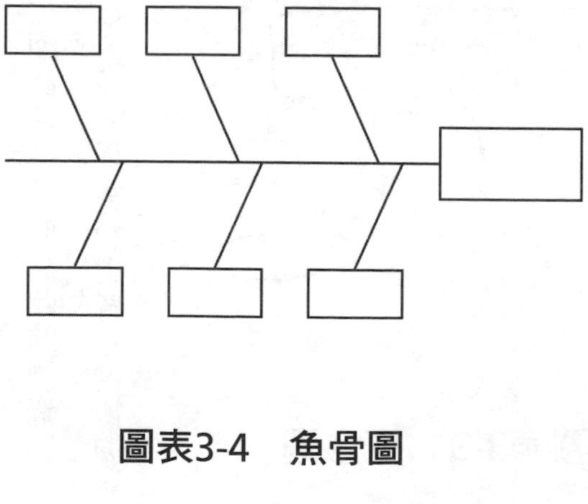

圖表3-4　魚骨圖

旭日圖

旭日圖又稱旭日示意圖、環形圖（ring chart）及多級餅圖（multilevel pie chart）、帶狀圖（belt chart），或放射樹圖（radial tree map），是由緊密相連、代表階層式資料層的同心圓形成的。每一層分不同類別或區段，通常會採用多種顏色描繪。旭日圖不使用圖像，它或許對彙整資料有幫助，但是不易閱讀。

辨識出偽心智圖的方法

你現在知道什麼是心智圖、什麼不是了！當你漠視心智圖法則時，往往會得到單調、亂成一團的圖。或者，你可能會得到一個表面上看起來像心智圖，但是實際上無關的一種示意圖。

圖表3-5　旭日圖

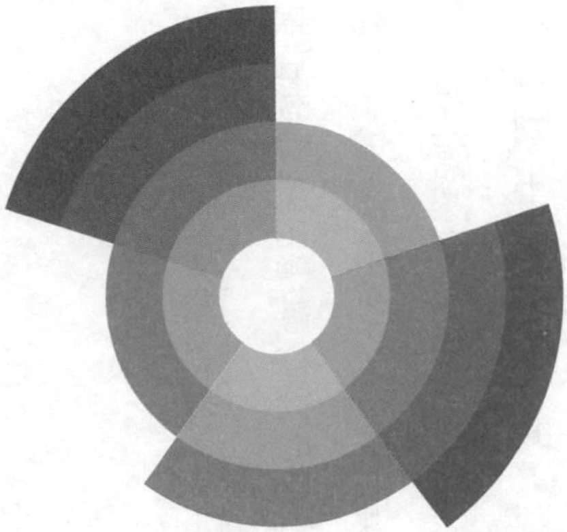

一般而言，心智圖比其他類型的視覺工具，更能解放創造性思維。雖然心智圖有關鍵步驟及基本元素，但是每幅心智圖的長相都獨一無二：既**沒規定心智圖得長怎樣，也沒嚴格界定心智圖何謂正確、何謂錯誤**，不像某些圖形——例如餅圖等，可能會存在數學上的錯誤。

心智圖無關乎步驟、系統或流程，但是它能幫助人們有所進展、有邏輯。有些人可能因為它不是清單、行列及數字，而認為它不具邏輯——並非如此。在某種層面上，心智圖是一種極具邏輯的思考工具，因為心智圖裡的事物，只能透過聯想之力連結到其他元素，這意味著它們之間存在自然的因果關係。畢竟邏輯，是一種做出適當的聯想，以獲得合理結論的能力。

再者，除了呈現資訊，建立心智圖這項行為還能刺激大腦、活躍記憶。它是建立心智圖者思想與觀念的一種表現。

心智圖對顏色、圖像及視覺連結的運用，不拘於形式。

我曾見過許多令人驚嘆的心智圖，第一八一頁來自中國的心智圖便是一例（圖表3-6）。這幅心智圖是由曾經從商的李察林（Richard Lin，音譯）所繪製，他後來成為成功的生活教練、公眾演講者、大學老師及大師級心智圖家。

好好看看這幅漂亮的心智圖。你看到了什麼？你覺得這幅心智圖是關於什麼？

你有注意到中央標題下方的電腦螢幕嗎？李察林的心智圖將大腦描繪為「頸上電

腦」，每個分支都對應一項心智圖法的關鍵準則，例如顏色、維度及聯想的使用。這是心智圖法的傑作，我喜歡它！

時間加上練習，你也會發展出屬於你自己繪製心智圖的風格。

而那絕對值得大肆慶祝一番！

你能透過以下九點檢視，你眼前的心智圖是否貨真價實：

- 是否有清楚的中央概念？

- 是否有描繪該概念的清晰中央圖像？
- 示意圖是否從中心向外放射？
- 從中央放射出去的每個分支，是否都搭配一個字詞？
- 是否有任何圖像？
- 是否從頭至尾都使用顏色？
- 該心智圖是否清晰？
- 該心智圖外觀是否自然且有機？（按：即整個畫面是否協調？分支是否如人類腦神經般彎曲、延展？）
- 重新檢視這幅心智圖，它會讓人移不開目光嗎？

如果這些問題有任何一項的答案是否定的，那麼這幅不是真正的心智圖。

圖表3-6　李察林視大腦為「頸上電腦」的心智圖

該圖表為保留原作之完整性，而保留各分支之用字（「思維導圖」即中國對心智圖的稱呼）。

想像當你偏離了心智圖法則……

一邊閱讀第二章，一邊檢視你繪製的心智圖。

■想像你的心智圖沒有中央圖像，心智圖選用的腦與心。

■想像你的心智圖沒有顏色，對效果有何影響。

■想像你的心智圖只有直線，它還能吸引你的目光嗎？

■想像你的心智圖從頭到尾都沒有圖像，它是不是看起來很單調。

■想像你的心智圖各分支標註的文字有一個詞、也有一句話的，它會有多難閱讀？

■想像心智圖的分支與關鍵字長度不一：看看它的結構有多麼失敗。

■現在，想像一一去除所有心智圖法則而出現的缺點——那麼它會變成一個多麼亂無章法、混亂且崩潰的狀態……。

第4章

尋找解決方案

當繪製心智圖過程到了某個階段，

你可能會覺得心智圖再也無法為你帶來什麼好處。

請不要放棄！

本章將提供你需要的所有解決方案，

包括提出適當的問題、處理凌亂或棘手的頁面，

以及為什麼你應該讓心智圖裡的重複元素引導你等提示。

本章會讓你知道，心智圖總能幫你找到正確的路徑

——你需要的是持之以恆。

持之以恆是成功的關鍵

在運用聯想、想像力及它們與生俱來的邏輯時，心智圖法則所呈現的，比較像是一種良好思維的通則。就像心智圖的分支擴展至新領域一樣，心智圖法則可以採無限多種方式加以應用。

繪製心智圖的過程中一旦遇到障礙，請別氣餒。遇到困難可能只是表示，你心智圖的練習又提升到更高的水平。如果你堅持面對每個出現眼前的障礙，並完成本書所有練習，當你讀完這本書，你必能熟稔心智圖法的精髓。

如果你遇到問題，或許代表你需要釐清，你繪製心智圖的方法、想法。我發現，許多人表示繪製心智圖時遇到了困難，結果他們繪製的根本不是心智圖，而是蜘蛛圖。也有時候，他們忘記了顏色的重要性，或忘了使用關鍵字。

一般而言，心智圖不是問題的原因，而是繪製者因為它而產生的恐懼。恐懼是心靈殺手。如果你身處一艘行駛於波濤洶湧的海面的船，你會緊抓繩索、穩穩操控方向舵。同樣的，當你繪製心智圖，如果發現自己處於多礁水域，就應該增強你對法則的掌控。

檢查再檢查——看每幅心智圖是否都遵循心智圖法則。

好好檢視那些效果不如預期的心智圖。現在，回顧第二章（參見第八十四頁）心智圖法則，仔細再閱讀一遍。

想像你的心智圖是一級方程式賽車：你在比賽過程中駛進維修站，好讓技師檢查車子，送你安全上路。同樣的道理，隨時確認心智圖有遵循心智圖法則。

如果你的心智圖讓你感覺有些麻煩，在隨手取得的地方張貼一份法則副本，在你詳細檢視心智圖時可回頭參考：

- 你確實使用無格線的空白紙，而且至少有Ａ４大、水平擺置？
- 中央圖像是否位於紙張中間，而且至少用上三種顏色來繪製？
- 中央圖像是否夠吸睛？

- 中央圖像是否包括某個字，這個字是以3D繪製，或看起來饒富趣味？
- 主分支是否採不同顏色繪製？
- 各個分支是否僅放一個單字？
- 主分支是否適當的延展出次分支？
- 是否從頭到尾都有運用圖像？

倘若未符合任何一個原則，便重新繪製一幅嚴格遵守上述法則的心智圖。你得到的成效很有可能大幅改善。

當心智圖作畫的過程中都符合心智圖法則，那它必然有效。

提出適當的問題

好的問題能讓一切為之改觀，它可以為你帶來優異的結果。

無論你何時何地繪製心智圖，仔細思考你希望解決的問題或主題。對的問題或主題是會：

- 觸發聯想、想像力。
- 是開放的，允許納入各種斟酌與估量，而不是封閉式的是／否回應。
- 激發批判與分析性思維。
- 讓思緒益發明晰。
- 挑戰假設。
- 促進開創性思維。
- 維持內容（誰、什麼、何時）與流程（如何、為何）之間平衡。
- 激發正向反應。

為了避免你的答案含糊不清，中心問題必須簡短、清楚，而且精準。當你開始思索心智圖的主題時，保持專注。

為好的問題繪製心智圖

再次閱讀上述條列式各點，把這些放在你腦海的最前方，繪製一幅抓住這些重點，並考量有效問題或主題之性質的心智圖。

藝術家最大的恐懼，往往是面對空白畫布的當下。最重要的一步，就是第一筆。利用心智圖消除你面對空白紙張的恐懼。畫下第一筆，然後繼續完成它！記住：繪製心智圖是一個持續的過程，你一個接一個提出問題。

看看你的心智圖。問你自己，中心問題是什麼。當你持續繪製心智圖時，時時檢查運作是否順利，並加以調整。

運用簡潔、有力的圖像

就像你希望考慮的問題或主題一樣，讓中央圖像維持簡單，同時運用多點顏色。保持線條乾淨清晰，並讓你的中央圖像聚焦。

當你的心智圖在頁面開枝散葉，分支逐漸充滿符號與文字，正驗證了你的大腦產生越來越多想法。如果你的心智圖過於擁擠，繪製一幅迷你心智圖（子心智圖），它們也有可能發展成一幅大且成熟的心智圖（參見第一九三頁）。

為你的想法留點空間

假若問題的癥結，看起來並不是出在你的中央圖像。你喜歡你的中央圖像：它顏色豐富、吸睛且有效。它能夠馬上觸發你聯想。

如果情況是如此，檢視你的心智圖的主分支。你看到的是肥沃的林地，還是糾結難分的荊棘？你能「見樹又見林」嗎？

「清晰」是心智圖一項重要的元素。有點像日本的花道，聚焦於不對稱與空間，心智圖每個分支的周遭區域，與分支本身同等重要。

在藝術創作裡的「負」空間幫助定義物體的邊界，並為構圖增添平衡。

包容雜亂

不過，「淩亂」的心智圖絕非一場災難。如果你最後得到的是一幅這樣的圖，不需要感到難過。淩亂的心智圖，通常只是反映著你繪圖當時的思緒。或許，你是為了記錄某通電話的對話，或為某堂課做筆記而飛快的繪製心智圖？若是這樣的情形，心智圖反映出你試圖跟上討論，而飛快繪製心智圖時，所面臨的挑戰。

如果心智圖看起來一團亂，請調整你的取景角度，然後重新檢視它：即使你的心智圖在整個頁面毫無章法的散開、不易閱讀，它仍是寶貴的初稿，你的第二幅心智圖將立基於這之上。畢竟，多數偉大的藝術家在完成他們的傑作之前，都會先繪製草稿。

關於雜亂

是時候重新思考我們對「凌亂」一字的定義了！

我敢說，傳統上，「整潔」的筆記與「凌亂」的筆記之概念，已被慣於線性思考的學術界人士論斷。對他們而言，整潔的筆記是沿著頁面線條排排站，而凌亂的筆記結合了文字、符號和數字。

甚至有些人會把達文西及達爾文等天才的筆記，形容成「凌亂」。事實上，我們應該重新思考我們的定義：

色彩豐富、分支延伸、「凌亂」的筆記，從其力道與影響程度的觀點審視，絕非凌亂！

由於線性筆記不利於聯想，不僅失去深刻的連結，也把人類語言從大腦中排除，真能以「整潔」來形容它嗎？我認為，線性筆記實際上破壞思考、邏輯、創造力、自信、享受及可能的樂趣。我甚至會說，正是它讓生活本身變得一團亂。

在開始繪製第二幅心智圖之前，再次檢查你初稿的組織是否有任何缺陷。某些聯想是否偏弱，或是根本就是錯誤的？

記得第二章（參見第一四六頁）波蘭企業家馬列克・卡斯帕斯基，如何將心智地圖比擬成花園嗎？在你的第二幅心智圖上，請把任何非必要的分支、次分支都刪去，讓思慮更加清晰。必要的話，重新組織主分支，好讓你的ＢＯＩs有邏輯與數字順序。對你想保留的那些分支，確保它固定在適當的位置並擴展開來——就像有穩固的棚架支撐的果樹。

一旦你刪除分支上任何多餘或重複的資訊，便可能出現新的分支，進而產生原創的想法與聯想。

再次開始繪製你的心智圖。
這次，你將如何改善呢？

播種迷你心智圖

重新檢視你的心智圖，過程中你可能會發現，頁面上某些想法或議題就能畫成一張迷你心智圖，尤其是如果要在主心智圖上發展它們，將讓主心智圖過於複雜、不夠清晰。迷你心智圖圍繞著主心智圖，就像衛星圍繞著行星運轉。它們深入探究主心智圖各個面向，卻不至於令它變得雜亂。

假若有足夠的空間，可以將一、兩幅迷你心智圖，和主心智圖放在同一個頁面。如果空間不夠，就另闢新的空間吧。對待這些迷你心智圖，如同你對待真正的孩子一般：不是輕忽之、而是鼓勵之。與其消極回應它，不如積極培養。

如果你發現，你的主心智圖沒提供什麼解答，反倒衍生許多新問題，迷你心智圖會是特別有價值的工具。使用迷你心智圖來解決任何新問題，以及解決支脈及離題這類問題。你甚至可利用迷你心智圖來探索某項論述的兩面，舉例而言，迷你心智圖在撰寫論文時尤其有用（請對照第二三六頁，運用於衝突解決的心智圖）。

讓重複的元素引導你

每隔一段時間，你會發現一個看似不重要的字在心智圖、在分支上反覆出現，然後一個接一個。這不是問題，而是一種突破。

藉由重複，關鍵字變成

關鍵**關鍵**字

或甚至

關鍵**關鍵關鍵**字

轉往心智圖另一分支的字並非不必要，恰恰相反：它強化了其所體現出來的想法。

如果你注意到某一個單字重複出現，那就畫上底線來強調。如果它出現三次，在它四周加框。如果它出現四次以上，它正試圖引起你的注意！用3D方式在它四周加框。接著，連接這些方框，在你整幅心智圖的周圍形成一個大方框。同樣的，用3D方式把這個大方框凸顯出來。

現在你的心智圖被涵蓋於一個較大的架構內，因為某個你最初認為算是不重要的字，結果卻變得舉足輕重。

這代表了你的想法產生了「典範轉移」（paradigm shift）——也代表你解決問題的方法大躍進，因為你正重新建構，你對某項主題的處理角度。

針對這個字，我強烈建議你把它設定成新的中央圖像，再作一幅心智圖。

處理猶豫不決

建立心智圖的實際流程，往往因為讓你對局勢有不偏不倚的綜覽，而能產生一個具體的解決方案。如果你完成一張心智圖、卻仍看不出下一個行動，這時你的直覺力量便派上用場。擲硬幣決定——正面或反面，即你要選擇的選項。留意你自己看到結果的直接反應，是失望，還是高興；然後，讓你的感覺決定，適合你的選項是哪一個。

如果你還是沒辦法決定，就利用更深入的心智圖、迷你心智圖探究這個困境，別把問題擱著。拖拖拉拉只會讓你精神耗損，反過來追求明確的行動方針，才能獲得直接的生活經驗，儘管這種經驗或許並不是每次都能合乎期許。

最好能積極主動並做點什麼，而不是無意義的陷入慣性坑洞，無法自拔。

繼續！

如果你繪製一幅令你有強烈負面反應的心智圖，先別氣餒！

持之以恆是心智圖的關鍵，我鼓勵你試、試，再試！

這是每位老師的口頭禪；如果你想在任何領域功成名就——包括心智圖，你只需要「持之以恆」。心智圖能強化你持之以恆的能力，因為它們持續提供你解決方案，而且你嘗試的過程中將持續受激勵。

我前面提過，即使你缺乏藝術技巧，也能成為一位卓越的心智圖專家：你繪製經驗累積得越豐富，就越得心應手。但是，如果你真的很在意你的繪圖技巧，也許iMindMap這套軟體會幫得上你，特別是和手繪心智圖並用，將會達到最高成效。該軟體會自動為你的BOIs產生厚實的分支，為次分支產生較細的枝幹。它還有一個包含數千數萬個優質圖像的圖庫（參見第二六三頁）。

你在繪製心智圖時如果遇到障礙，記住，這並非一條線性流程。你不需要停步解決問題，只須優雅的繞過它，探索另一條路徑！

從哪裡跌倒、從哪裡爬起

或許建立心智圖這個想法一開始看似令人畏懼：你擔心無法「適切」的繪製一張出來；你覺得你的想法不好；你不喜歡你畫的方式；你不滿意結果。我建議：

利用心智圖拋開你的擔憂！

心智圖可以是自我分析及解決個人問題的優異資源——例如焦慮、害羞、過度完美主義、沮喪與失望等。如果你不滿意心智圖的結果，把這經驗繪製成一幅心智圖。

例如，你可以畫一出自己沮喪的樣子，當作中央圖像。現在，迅速繪製一幅心智圖，表達你對心智圖繪製過程的各種想法與感覺。

你的下一步，是運用深入探索你情緒的BOIs，將這個草圖繪製成一幅更加平衡、有助於分析的心智圖。例如考量以下幾點：

- 你的感覺的真實本質——無論是否有不同層次。
- 這些情緒的真實感覺。
- 這些感覺如何影響行為。
- 你的生活受這些感覺影響嗎？
- 你發現你經歷類似感覺的其他種情況。
- 這些感覺可能根源於過去發生的哪些事件？
- 為了解決這些感覺，你會需要什麼外在協助？

檢視你情緒的每個面向，以及導致該情緒相關的情境。檢視完之後，你將發現，自己正逐步驅除這些情緒怪物。只是寫下問題，通常可以讓你面對真正的問題。

繪製心智圖，解決任何問題

你是否曾有半夜醒來，被某個問題折磨得無法入睡的經驗？你躺在那裡擔心的時間越長，就越找不到問題的答案。每當你想到它，另一個複雜點又浮現出來，直到整個難題看起來像一個沒有開始或結尾、精心製作的凱爾特結（Celtic knot）⓬。

當你隔天早上起床時，問題往往會因為晴朗的好天氣而為之改觀。或許它不再看似那麼令人氣餒，或無法解決。你需要的只是冷靜反省一下。事實上，你可以把它寫下來，努力釐清、進而解決……為了營造一個冷靜的時刻，讓你能綜觀這個問題，繪製一幅心智圖吧。

先從繪製一個中央圖像開始，圖像若不是與該議題具體相關，便是較普遍的「解決問題」這個概念。你可能想藉由你的分支先界定問題及其原因，接著探索其影響層面，不管是正面或負面。其中一個分支可以針對處理問題時如何尋求協助；記住，你自己對困境的回應，是你唯一可以完全控制的，而自助、他助兩者的重要程度相等。接下來，你的心智圖可以繼續規畫如何解決問題、最後行動。

確保你心智圖上的文字與圖像積極正面，而且是你的心有所共鳴的，如此你的思維才會往外拓寬。避免使用太多否定字眼，因為這些字眼可能會抑制思維、又沒有效果。圖像可以起激發靈感的作用，也可以提醒你還要做哪些事——下頁圖表 4-1，左下方令人難忘的發光心型象徵「勇敢」，而敞開的門則代表「開放」。記住你使用的符號並利用心智圖提供的概述，你將看到可行的解決方案。

心智圖模仿大腦的運作方式，刺激它採取行動，因此繪製此心智圖的動作會激發你的思考流程：與其不斷焦慮，繪製心智圖的過程將激發你的動力，而且呈現清晰的視野。唯有從感受分析，你才會發現，你已辨識出哪些情緒長期的干擾生活，而且可以好好解決它。

⑫ 譯註：中國結即為凱爾特結的一種。

圖表4-1　解決問題的心智圖

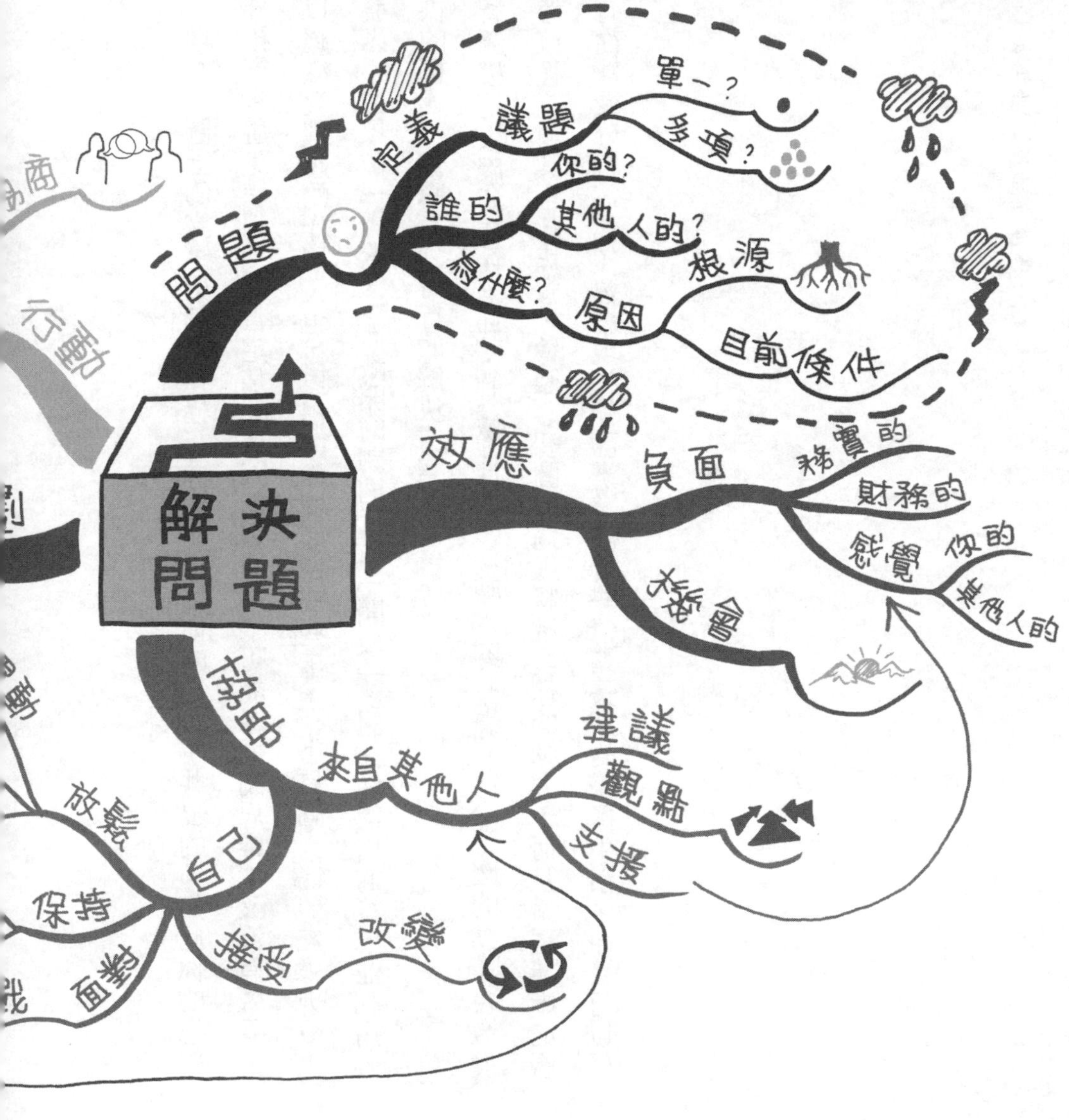

與其不停寫線性筆記來把自己逼到牆角，

還不如讓心智圖拓墾你的世界！

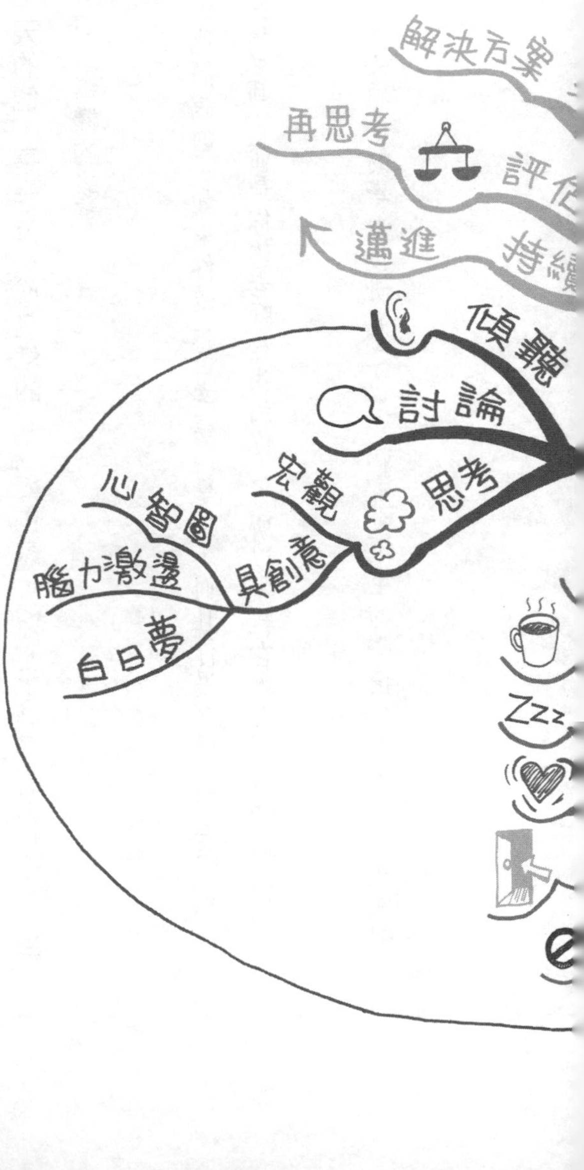

宏觀思維的魔法

心智圖是一種卓越的路徑歸納工具。

阿瑞夫·阿尼斯（Arif Anis）是一位頂尖的國際教練及暢銷書作者，他指導過頂尖企業領導人、州政府主管、電影明星及執行長；然而，他不是一直都是眾人眼中的人生勝利組。他是以心智圖解決問題的最佳典範。他過去有段時間陷入沮喪、迷惘，心智圖幫助他找到生命的方向，從那時起，他便持續的利用它。今天的他，是一位功成名就的商人與作家，他給予身邊的人點子、靈感。他寫下了這樣的故事：

正如他們說的，如果你是一位幸運的學生，而且你渴望學到東西，那麼不是你尋找老師，而是你的老師會找到你——所以，我在生命關鍵時刻遇到了心智圖。

在完成心理學的學士後研究之後，我帶著沉重的心情步出大學。我感到迷惘、害怕。校園外的生活看來真的令人發怵。該選擇什麼？哪一條路？我接下來的職業生涯會是什麼？萬一我選錯了怎麼辦？我因為擔憂未知而毫無動力。

眼前有太多選擇，我很難逐一釐清。就在這時候，我在住家附近的書店發現東尼・博贊的心智圖法暢銷書，生命從此改觀。

我開始繪製心智圖。一開始的心智圖很糟糕。但是，在那些顏色與圖像中隱含了什麼……慢慢的，道路變得清楚可見，而且每當我往前走一步，眼前的風景越發清晰。最後，我看到高速公路——以及它正引領我前往之處。我開始贏回信心。如今，我清楚知道我這一生要的是什麼、知道朝哪個方向努力，也因此有了宏觀的視野。

當我回顧我這一生及主要里程碑時，它們有一個共同點：都和心智圖脫不了關係。我擔任實習心理學家的第一份工作；我為了參加巴基斯坦競爭最激烈的考試而做準備（這項考試吸引最頂尖人士競逐官僚機構中，最令人垂涎的文官職位）；我的婚禮規畫；或是撰寫幾本著作。心智圖為我的決策帶來綜效與清晰的思路，並產生了結果。

令我驚訝的是，短短四十天的學習，我便通過國家最難的考試之一。而且，我知道我可以在更短的時間內獲得更多成果。我的生產力提升四倍，生活中的選項與抉擇亦如是。**我不再被動的過生活**。

如今，我很榮幸能向數千數萬的巴基斯坦人傳授心智圖；包括學生、實習生、工讀生、官員、業主、業務員、醫生等。這項實務已經贏得專科院校、大學、企業組織及訓練機構的青睞，並鼓舞成千上萬心智圖者在他們各自的學科領域有所突破。

心智圖同樣鼓舞我的下一代。我兒子桑洛石（Sarosh）與法瑞奎里（Fariqlee）在四歲時開始認識心智圖，而且很快便愛上那個過程。一開始，他們利用心智圖表達自己，並安排家庭旅行。漸漸的，他們為之著迷了，我家裡隨處可見他們畫的心智圖——牆上、櫃子裡、沙發。現在，他們把這工具納入他們的學習技巧。此外，心智圖法在訓練他們思維的同時，也釋放了他們的創意本能。

我很驕傲的說，我們是心智圖家族！

第 5 章

心智圖無窮的應用

你手上擁有一個非常強大的思考工具，
現在，你準備好讓自己提升到更高的水平了。
接下來，你打算利用心智圖法做什麼，
還有你如何利用它提升你自己及其他人的生活？
本章建議豐富的應用與指南讓讀者了解，
如何將進階心智圖法技巧實際應用於自己的情形，
我分成家庭、工作、教育、創意、身心福祉與記憶來說明。

一種直覺又具邏輯的工具

心智圖與我們與生俱來的人類語言不謀而合。我們在第二章看到我們如何運用這項語言（參見第四十九頁）：我們打從嬰兒時期，便已經在腦海裡採用心智圖的形式在學習了。由於心智圖是奠基於我們對這個世界的自然觀察方式，它自然而然有無限的應用，每項應用就像我們一樣，都是獨特的。

心智圖透過它無限的應用，而演化成一種元語言（metalanguage），也就是討論或研究語言本身，所使用的語言或符號。

這種元語言能和大腦的邏輯面與直覺面對話。心智圖強調聯想與想像雙重力量，有些人會因此就認定，心智圖應該不適用於技術性主題，或數學這類重視理性的學科。這觀念是錯的。

我們已經看到心智圖有多麼深具邏輯，因為它們是根植於聯想的邏輯（參見第一七八頁）。它們結構極為嚴謹，必須遵照心智圖法則。法則鼓勵人們有條理的繪製心智圖。此外，如果繪圖者希望，那些偏好邏輯思考方式的人，可以一次一個主分支逐步聯想，待完成後，再進入心智圖的下一個主分支。

心智圖的結構，使其在分類、考量程序等主題上立即可見成效——例如物理、化學及數學，就像阿巴若博士在第三章（第一三二頁）描述他如何將心智圖用於實驗室工作。它很實用，能將科學類主題細分為構成元素，並提供繪圖者一個概況。

利用心智圖召喚行動

為本書撰寫序文的多明尼克．歐布萊恩曾多次贏得世界記憶大賽冠軍，也寫過多本關於記憶技巧的暢銷書。此外，他還是心智圖法諸多優點與應用的主要提倡者：

對我而言，**心智圖是克服猶豫不決的好方法**。有時候，著手寫一本新書，或準備記憶課程的念頭，可能令人心生畏懼：有這麼多主題要談，人們很容易陷入「我到底該從哪裡開始？」的困境。

取一張A４空白紙水平放置，我便可以直接深入某項專案，記下隨時湧現的想法。通常在這種情況下，我腦海最先浮現的想法，即是我目前最上層的問題。因此，心智圖讓我看到什麼是該專案最基本的，而優先考慮之。

如果我對它們有了初步的想法——就擺在那裡，在我面前，接下來微調主題的順序便容易多了。當遇到以下情況，我會先採取：

- 將記憶轉換成一本新書或一篇文章。
- 組織一場研討會或受邀演講。
- 準備一場重要的會議。
- 蒐集新客戶的背景資料。

圖表5-1　心智圖法對記憶的好處，多明尼克．歐布萊恩繪製

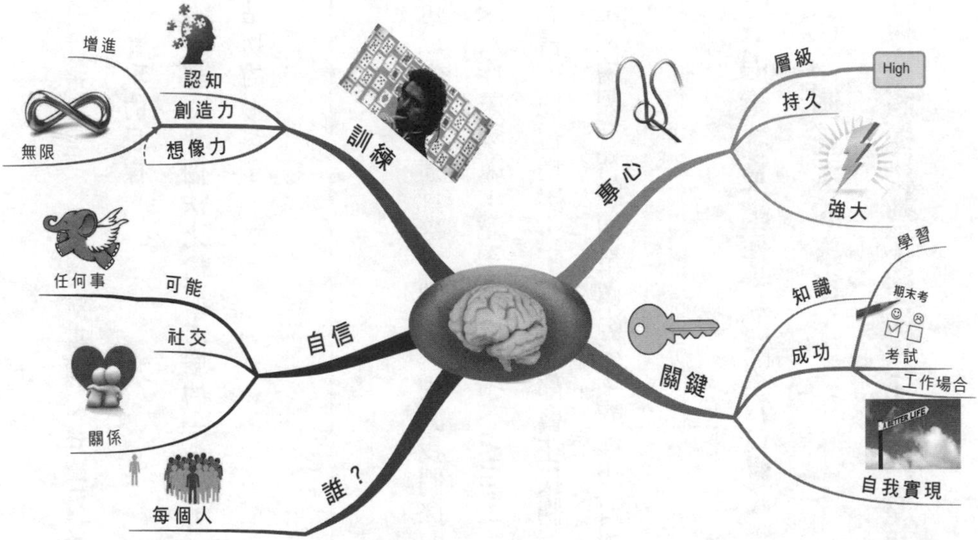

- 了解某個複雜的主題，無論那是政治權謀，或是科學創舉。
- 搬家或準備一份旅行計畫。
- **決定待辦事項的重要程度，孰先孰後。**

或許最後一項「安排優先順序」，是心智圖對我而言最受用的用途。有時候，我們太容易讓時間被眼前的雜事填滿，我可能專注的投入某事後才發現是花太

多心力在一件瑣事上。一幅待辦事項心智圖可幫助我退後一步、提醒我綜觀我一生最想實現的目標。

許多人曾把心智圖法比喻成大腦的「瑞士刀」。根據我的經驗，這是對心智圖法最貼切的形容了！

心智圖也可以作為一種直接的刺激，刺激我們採取行動。以下我擷取一段我最喜歡的蘇格蘭探險家及作家威廉．赫季森．穆瑞（William Hutchison Murray，一九一三年～一九九六年）的名言，他曾指出，所有一切都會在我們對自己承諾要投入某一件事的那刻起，紛紛就定位。繪製心智圖便是做出承諾的理想方式：

「關於倡議（及創作）的所有行動，
存在一個基本的事實，
無視它將扼殺數不清的想法與輝煌計畫：

一個人對自己承諾的當下，命運也跟著轉動。」

——威廉・赫季森・穆瑞，《蘇格蘭人的喜馬拉雅山遠征》（*The Scottish Himalaya Expedition*）

九十九種應用

除了許多生活已因心智圖法而澈底改變的人告訴我的故事之外，如今網際網路上流傳的數百萬幅心智圖及原始心智圖也顯示，心智圖的應用層面是無遠弗屆的！

下頁圖表 5-2 列出這些可能的應用：心智圖可以協助我們所有人，探索這九十九項領域。請利用這份清單，作為你的心智圖法探險的靈感與起點。我會很高興聽到你如何應用它。

圖表5-2　99 項心智圖最重要的應用

家庭		
安排旅程	家族聯繫	規畫未來
慈善活動	深化關係	關係
挑選嬰兒名字	婚姻和諧	購物
挑選寵物	搬家	舉辦晚宴
寫日記	打包行李	權衡利弊
工作		
業務成長	目標設定	組織想法
製作履歷	下決策	規畫會議
構思策略	管理	簡報
活動規畫	管理業務聯絡人	達成目標
尋找工作機會	管理財務	銷售策略
趨勢預測	記錄會議	資訊重點整理
獲得升遷	組織	團隊分析
教育		
考古學	選擇大學	解釋超新星
天文學	提出定義	解釋樹的結構
生物學	經濟學	地理學
植物學	工程學	文法
化學	解釋神經元	歷史

（接下頁）

資訊科技	數學	複習
語言學	醫學	科學
法學	物理學	學校專案
文學	數學	讀書技巧
繪製宇宙	政治	動物學
創意		
藝術	布置房間	音樂欣賞
作曲	建築設計	寫詩
創意塗鴨	戲劇	理解觀念藝術
建立心智圖藝術	花園造景	理解人類語言
創意思考	表達想法	寫書
身心福祉		
尋找幸福	心理健康	決定療程
全面健康	身體健康	靈性
生活規畫	自我分析	了解恐懼來源
記憶		
大腦訓練	改善放射性思考	回憶學習內容
擷取知識	描繪想法的內部城市	回憶情節
改善記憶	筆記	理解內容

心智圖暖身練習

這項練習的設計，是為了在你的腦細胞模式裡植入心智圖法的基本元素，好讓心智圖技能成為你的第二天性。

「突襲式」心智圖最初分成四個階段，允許你迅速提升學習曲線。然後，隨著你投入心智圖的時間從五分鐘、十分鐘、到二十分鐘逐步增加，一旦你的大腦確實了解心智圖，思維自然就會被解放。就像跑者習慣自己的步伐之後，大腦會更自由的「呼吸」，運動時間再長些，呼吸、吐氣都將會帶著漸增的愉悅與生產力。

讓我們開始吧：

瀏覽一下圖表5-2九十九項心智圖最重要的應用。

現在挑選一個主題，繪製一張心智圖。只給自己五分鐘勾勒這幅心智圖。

這麼做的目的是釋放你自己，就像藝術家在完成一幅偉大的傑作之前，往往會先飛快繪製一些暖身草圖一般。

稍事休息之後，再挑選另一個類別的主題（例如，「教育」類、而非「家庭」類）。接下來，在十分鐘內繪出一幅心智圖。

重複同一流程，再從另一類別挑選第三項主題（記得，類別不重複），然後再花十五分鐘完成第三張心智圖。

從其餘類別挑選第四項主題，在二十分鐘內完成這幅心智圖。

隨著這四幅心智圖從初期階段進展到發展較完善的階段，比較一下它們的細節與獨創性。接著想像一下，如果你只有一個小時可繪製一幅「尋找解決方案」的心智圖，你還能夠多產生幾張。

再次檢視這些心智圖。哪一幅最吸引你？為什麼？

現在、或待下次有機會時，繼續繪製那幅最吸引你的心智圖，直到你認為完成了為止，或者把它當作另一幅同主題的心智圖的基礎。

進階心智圖法——家庭

本章其餘部分將探討一些例子，讓你了解如何精進你的心智圖法實務，利用心智圖處理複雜、且具挑戰的局勢，並站在一個較高的層次，思考自己想從生活的各個層面獲得什麼。

心智圖規畫表

心智圖對你的協助不僅是規畫未來一週而已。它們也作為日計畫表；同樣的，你可以利用它顯示一整個月、一年的時程。心智圖規畫表既可以用來規畫，也可以用以檢視生活；它可以凸顯你的優先要務，確保時間在自己掌控之中，從工作與閒暇切出平衡點。心智圖規畫表能確保你把每天過得多彩多姿，你不再是時程的奴隸！

我的個人心智圖日規畫表充滿圖像、代碼、顏色、關鍵字及關鍵符號。一天最重要的主題向來是中央圖像的靈感來源。我通常會使用五條主分支：早晨、中午、下午、晚上，以及雜項。有時候，這些主分支或與它們相關的事件，可能產生另五個不同的迷你心智圖。

中央心智圖與頁面左上角的時鐘草圖連結（如下頁練習所描述的）。圖像、符號及代碼放在時鐘的時間空檔裡，讓我可以即時知道未來幾小時須完成的事情。我的心智圖日誌分為二十四小時，我選擇從午夜開始我的一天，因為就像許多創意思想家，我發現大腦在那段時間的效力可以非常高。例如，午夜至凌晨三點這段時間，我可以專心於某項新專案、寫作、繪製心智圖或解決問題。

在我心智圖日誌裡的圖像依序連接到我的月時程，如此一來，它們兩者——日誌與月時程，才能像機器裡的齒輪一樣協同運作。我的月時程呈現與該月最重要事件相關的關鍵圖像與文字，以及我喜歡的活動，包含跑步、划船與講課。

我的日誌與月時程協作運作：該月的概況會觸發我對每天的記憶，而每天的日誌也會觸發我對當月的記憶。

在我發明心智圖之前，我曾無法回想起來自己究竟做了哪些事。如今，心智圖法讓我記憶如新，我打算此生都活用這個工具。一旦你將心智圖的諸多好處與樂趣銘記在心，你也會和我一樣！

除了繪製月時程，你也可以利用心智圖來建立年度規畫表。心智圖年度規畫表可以每個月一個分支，次分支則與該月份最迫切的問題與考量有關。這是規畫婚禮、旅行及派對很棒的方法。我也利用年度規畫表確保我接下來的一年，能在工作、旅行、寫作與休閒之間維持平衡。

一小時接著一小時

試著今天就開始繪製一幅心智圖規畫表吧。在你頁面的左上角畫一個時鐘，把它分為二十四格。

時鐘的每一格填入適當的文字、圖像與代碼，記下你打算利用那段時間做的事。

今天你需要考量的最重要的事情是什麼？利用這點繪製你心智圖的中央圖像，在時鐘下方的空白處，畫出你的中央圖像，而且它的四周就先留白。

現在，從中央圖像延伸出與你當天主要領域或主題相關的分支。為這些主分支上不同顏色。接著，再從主分支延伸次分支。

以箭頭連結主分支與次分支至時鐘，讓兩者可以協調運作。

是否有任何事件、經驗或考量，值得另行繪製成一個迷你心智圖，圍繞著中央心智圖？

完成後，針對你運用時間的方法，想想看這幅心智圖給了你什麼遠景？

進階心智圖法——工作

過去幾年來，商業界以無比的熱情接納了心智圖法。有時候這會產生不同的結果：如同第三章提及的，許多號稱是心智圖的示意圖，根本不是真的。不過，只要遵守心智圖法則，心智圖能帶來高績效成長，它能應用於包括研究專案、製作簡報、撰寫年度報告、管理時間、腦力激盪、協商等。

我們可以將心智圖套用於公司願景設定，以及——例如解決公司糾紛等用途。針對個人來談，心智圖有助於決定職業生涯道路選擇、升遷的準備。

幫你做決定

在第四章，我們看到如何兼顧心智圖成果，又解決猶豫不決。在此，我們看看心智圖是如何讓決策瞬間明確，讓你一眼辨識局勢利弊。當然了，無論在任何生活領域，這都是一種實用的技能，但是或許這個工具的價值在職場上能達最大化。

導出簡單的是／否回應的決策，稱之為「二元決策」（源自拉丁語「dyas」，意指「二」）。心智圖能幫助你下二元決策，就如同你所建立的任何心智圖，先繪製一個中央圖像，並運用你的想像力、聯想力與直覺，由中心向外延伸出主分支。

當你繪製心智圖希望幫助自己下決定時，請留意，你分配給不同分支的顏色與圖片，能讓你深入自身潛意識的運作，或許是藉由自己對顏色的喜好，來區分偏好、沒興趣的選項，來貼近你內心深處的想法。

當你完成試圖解決難題的心智圖時，花點時間想想以下幾點：

• 繪製心智圖給你什麼感受？每繪製一條分支時，你有出現什麼情緒嗎？或者每個分支你都不覺得有差別？

• 在過程中的任何階段，你是否有發出「啊哈！」讚嘆聲的時刻？完成心智圖前，你能否感覺它正把你引導到某個方向？

• 根據重要程度，給予心智圖兩邊（是與否）各個關鍵字一到一百之間的分數。計算「是」端與「否」端的分數，哪個總分最高？總分最高的那一方勝出——但是這個結果也符合你預期嗎？

• 如果你仍不清楚前方的方向，或不清楚你對心智圖的建議行動有何感受，請給自己一點時間。離開，等待你的想法成型。

• 如果經過以上步驟還是無法讓你有個決定，請回想第四章關於如何處理猶豫不決的流程（參見第一九五頁）。

無論你是考量重新裝修臥房或搬家、是否該採用醫療人員提出的治療方案，或接受新工作，心智圖都是你忠誠的夥伴，現在生活中的大小決策再突然冒出，你都不會驚慌失措。

心智圖：衝突解決的藝術

心智圖通常是由一個人所建立，是一種高度個人化的思考工具，但是，它們也可以是一種極富成效的共同行為。在這種更進階的水平上，它們可以找出另一個人與你的共通觀點。

在試圖建立聯合心智圖以解決分歧或不安之前，你需要累積足夠的心智圖經驗。

在指導任何人之前，你對這套流程得先了然於胸。

想解決衝突，有兩種利用心智圖的方式。第一，由兩個人或更多人合作繪製一張心智圖，成員輪流增加分支。二是由相關的成員分別繪製個人的心智圖，然後再相互分享、比對與討論。

我發現，最好先提出問題，才著手上述其中一種方法，最後再選定解決方案。如此一來，這場討論才會交流意見、得以綜合結論，而不會淪於各說各話，惡性循環。

無論採取哪一種方法，重要的是讓每個人都能開誠布公，而且尊重其他人的意見，無論你是否同意。如果交流轉趨激烈，給自己冷靜的時間。然後，聚焦於心智圖的資訊，再繼續討論。

如下頁圖表5-3顯示，**解決衝突的心智圖可以從界定議題作起**，你可以讓每一位參與成員都針對其面臨的狀況提出關鍵詞。下一個分支可以探討這種局勢的影響——包括有建設性的、缺乏建設性的意見，再來檢視「對團隊、對個人感受的影響」等領域。接下來，你可以繼續處理你認為解決這個局勢將會需要的事。記住，需要與想要不盡相同。最後，便可以利用心智圖探索，過程中發現的見解。

一旦完成交流，你們可依據彼此達成的解決方案，建立聯合心智圖。可能的方法如下頁圖表5-3，兩位參與者分別使用相對比的顏色（藍色、紅色）凸顯他們的感覺與想法，這種做法不同於一般心智圖是賦予每個分支一個顏色。如果感覺是相互的，可以兩種顏色並用，而將第三種顏色（紫色）用於找出共同達成的解決方案的分支。

圖表5-3　解決衝突的心智圖

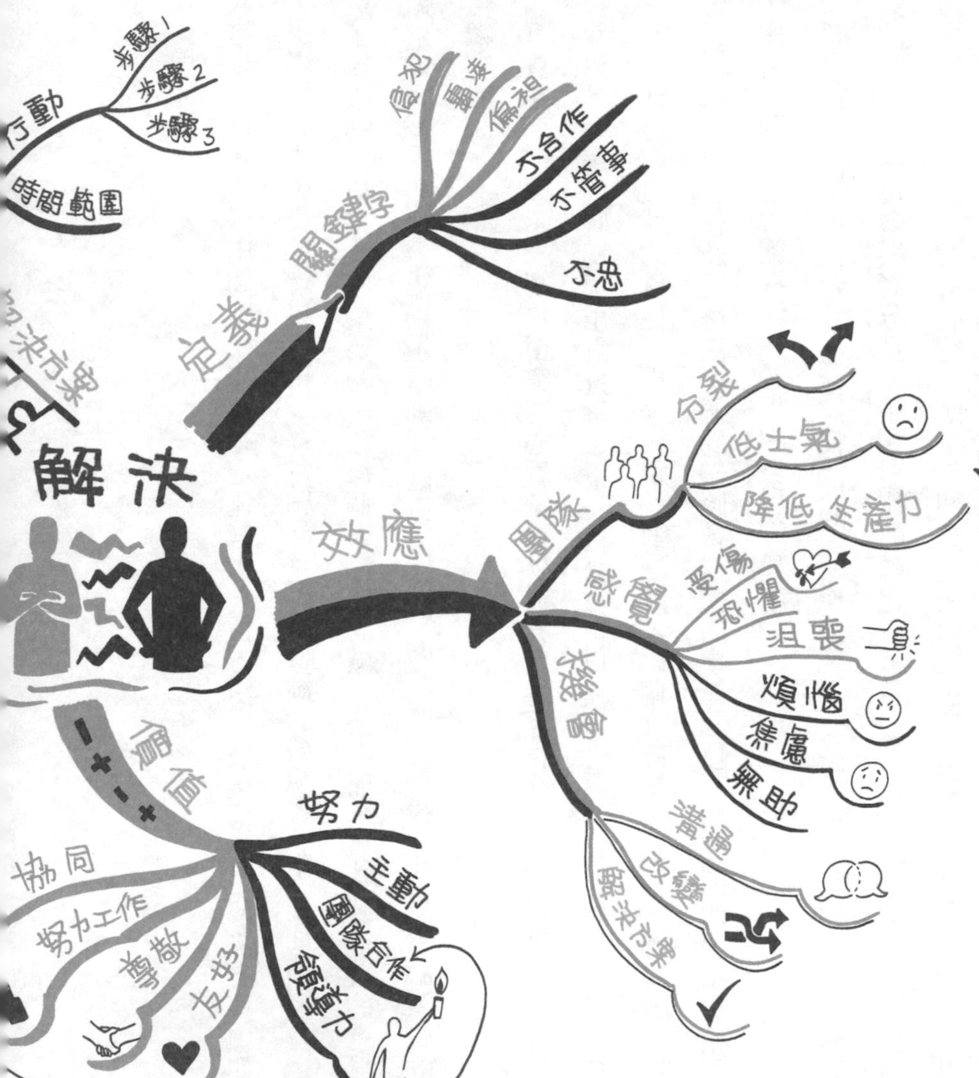

為生活工作、為工作生活

我覺得自己可能有一份世界上最好的工作：我遇到魅力十足的人，他們環球旅行向其他人分享心智圖，而且有幸目睹它澈底改變其他人的生活。身為成年人的我們，一天時間大都在工作。有鑒於此，我相信找到一份能以某種方式帶給我們成就感，或滿足我們目標的工作至關重要。接下來，曼尼許・杜特（Maneesh Dutt）的故事告訴我們，心智圖可以助我們一臂之力。

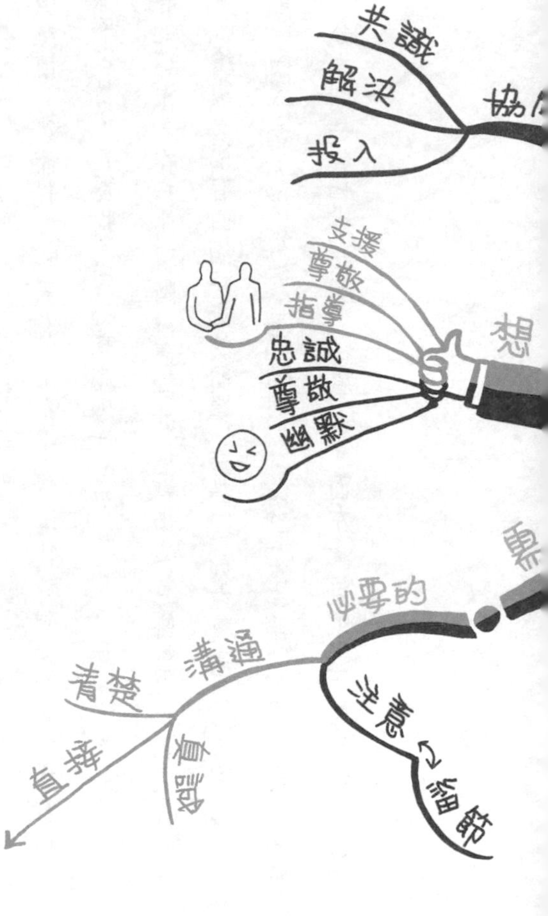

跨出第一步的勇氣

曼尼許．杜特是成功的作家、講師及培訓師。

在印度德里（Delhi）擔任化學工程師期間，他意識到，如果他想從事自己真正喜愛的工作，那麼維持現狀是不可能的。那麼，曼尼許……

企業存在一大群沉默的員工，他們胸懷創業野心，卻沒有任自己追隨熱情。我曾經也是那樣。後來深深著迷於心智圖法的我，認真考慮辭掉工作、全心追求這項熱情。然而我當時只有二十年正規工作經驗、缺乏創業實務，這決定一點都不容易，其實我的內心充滿恐慌。

某個安靜的週末，在我將現階段遇到的挑戰用心智圖呈現出來之後，一切都改變了。我繪製一幅有四個分支的簡單心智圖，如左頁圖表5-4所示。

在右邊第一個分支，我分析維持現狀（繼續工作）就必須面對的「痛苦」；第二個分支則是維持現狀的「快樂」。而左邊自中央圖像延伸出去的

圖表5-4　曼尼許・杜特繪製他職業生涯的挑戰的心智圖

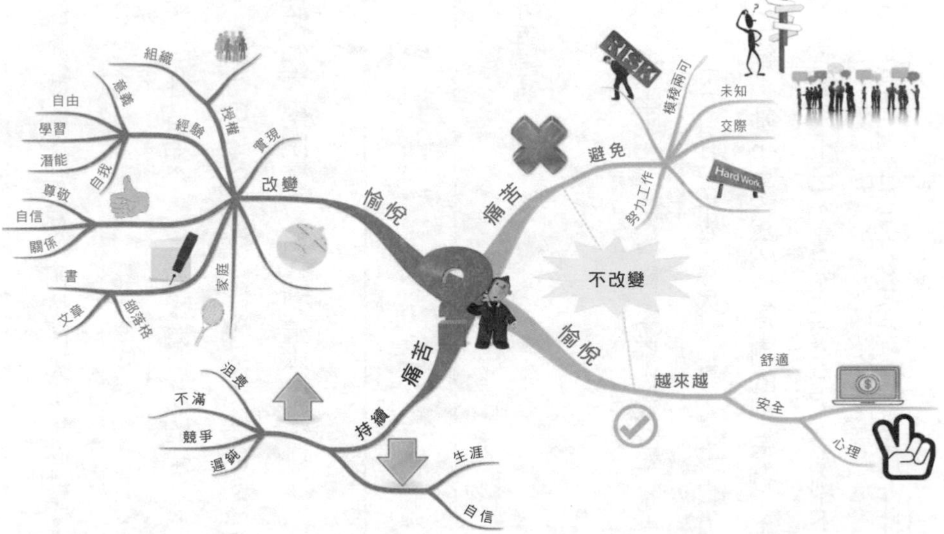

第三個分支是，如果長年維持目前的工作，我會遇到哪些「痛苦」。最後一個分支則記錄如果我成為心智圖培訓師／顧問，我將獲得何等快樂。

這幅心智圖——尤其是記錄我所有愉悅情緒的最後一個分支，給了我跨出第一步最需要的勇氣。因此，隔天星期一，我便遞出辭呈，開始我身為培訓師的職業生涯。我很高興到後來我不曾後悔過：我也確實經歷了當時畫這個心智圖時所列舉的一切。我強烈鼓勵處於類似困境的人，也嘗試畫個心智圖來釐清狀態。

曼尼許．杜特如今是一名極為成功的全球心智圖指導者，以及《成功的專案管理心智圖》（*Mind Maps for Effective Project Management*）等書的作家，讀者可以在哈佛商學院圖書館找到這本書。

構思公司願景

二〇一五年，阿拉伯科學家及數學家曼娜海爾．薩貝特（Manahel Thabet）博士因為在三十分鐘內，對一千三百五十名學生傳授心智圖，而締造金氏世界紀錄。她也是超級心智圖的創造者，當我訪問杜拜看到那幅心智圖時，著實令我震驚不已。曼娜海爾告訴我她創下世界紀錄後，杜拜國際電影節（Dubai International Film Festival，簡稱DIFF）主席阿布杜爾哈米德．朱瑪

（Abdulhamid Juma）聯絡她，請她繪製一幅心智圖，描述有關杜拜國際電影節的運作、涵蓋範圍及全球定位。此外，阿布杜爾哈米希望我能在完成的心智圖上簽名。

曼娜海爾在三天內教會了杜拜國際電影節經理團隊心智圖法，並與他們一起蒐集、整理資料。過去沒有一家組織曾經嘗試過這類專案，想當然耳，起初部分成員抱持懷疑，對他們而言，心智圖看起來就像一團雜亂的顏色與彎曲線條。起初，他們並不認為心智圖法能助其提升創意與智力。

然而三天後，所有人都被說服

圖表5-5　薩貝特博士思量杜拜國際電影節心智圖的草稿

了。曼娜海爾與她的團隊接著花一整天繪製心智圖。他們齊心協力的合作結果，成就了一幅了不起的心智圖。杜拜國際電影節心智圖複雜、全面、實用，而且鉅細靡遺的依循心智圖法則。此圖提供公司當時的全面概況，同時凸顯可開發、拓展的領域，指導該公司成功走向未來。

曼娜海爾回想，投入這項任務期間她的雙肩有多麼疼痛，痛到她恍然覺得自己像是米開朗基羅在畫西斯廷教堂（Sistine Chapel）的圓頂！我看著它越久，便越是感受到它的壯觀。據我所知，這是第一幅從微觀與宏觀的角度看待某項主題的心智圖，不僅描繪它的過去，也揭示它的未來。

圖表5-6　作者參與杜拜國際電影節

我很榮幸能在杜拜國際電影節心智圖上簽名。

進階心智圖法——教育

在第二章，我解釋心智圖如何像戰場上力抗愚昧的士兵，將大砲交給你的大腦。無論你正在規畫一場演講、準備簡報，還是撰寫論文，心智圖法絕對能整合你的想法，然後妥善表達。你可以在學習語言、記筆記，以及撰寫論文與專案研究時使用心智圖。

雷蒙·凱尼（Raymond Keene）是英國西洋棋大師、《泰晤士報》（*The Times*）及《旁觀者》（*The Spectator*）媒體的西洋棋記者，以及遊戲史上最多產的西洋棋與思想作家。他繪製了第二三七頁的心智圖，解釋西洋棋遊戲的當代史。

像與生俱來般學習

心智圖利用顏色與圖像而讓語言從頁面移除，讓大腦徜徉於想法與聯想的天空。這是為什麼心智圖是學習第二語言的首要工具。讀書時期，你是不是必須記住一長串單調乏味的單字片語？難怪大多數人都覺得學語言不容易。

心智圖比其他教學法優越，主要是因為它本身便是一種人類語言的產物（參見第四十九頁）：心智圖因此本能的超越分歧，以便在不同類別之間建立鏈接與聯繫。意元集組也可有效應用於語言學習的心智圖，將相關資訊群組在可記憶的群集裡，反映大腦處理資訊的方式。

字彙測試

下面是一系列瑞典文字彙及相對應的英文字彙，以條列方式呈現，深受世界各地教師的喜愛。你的使命——如果你願意接受它，是依據這個字彙建立一幅心智圖。務必在適當之處使用顏色、大量符號與意元集組。

人的（människa）	人（human being）
男人（man）	男人（man）
女性（kvinna）	女人（woman）

孩子（barn）	小孩（child）
狗（hund）	狗（dog）
小狗（valp）	小狗（puppy）
貓（katt）	貓（cat）
小貓（kattunge）	小貓（kitten）
鳥（fågel）	鳥（bird）
魚（fisk）	魚（fish）

當你繪製好心智圖後，花二十分鐘思索、記憶它。

準備好之後，蓋起你的心智圖及字彙表單。別作弊！接著，回答以下五個問題：

「human being」的瑞典文是什麼？

「kattunge」之於「katt」，就像「valp」之於「hund」。

「kvinna」的英文是什麼？

你覺得會在哪裡找到「fågel」——天上或海裡？

「child」的瑞典文是什麼？

功成名就的思考工具

仔細審視圖表5-7的心智圖，你看到什麼？

西洋棋大師雷蒙．凱尼利用這幅心智圖繪製出西洋棋的歷史變遷。他從失落的烏爾城（Ur）的遊戲開始，考慮到帶有阿拉伯文化內涵的波斯象棋（shatranj，西洋棋的前身），繪製了文藝復興時期西洋棋的變化，並以西班牙的影響作結——結果是現代西洋棋的出現。

這幅心智圖所依據的文章超過一千字，追蹤五千年之久的歷史，但是雷蒙

圖表5-7　雷蒙・凱尼繪製現代西洋棋的變遷的心智圖

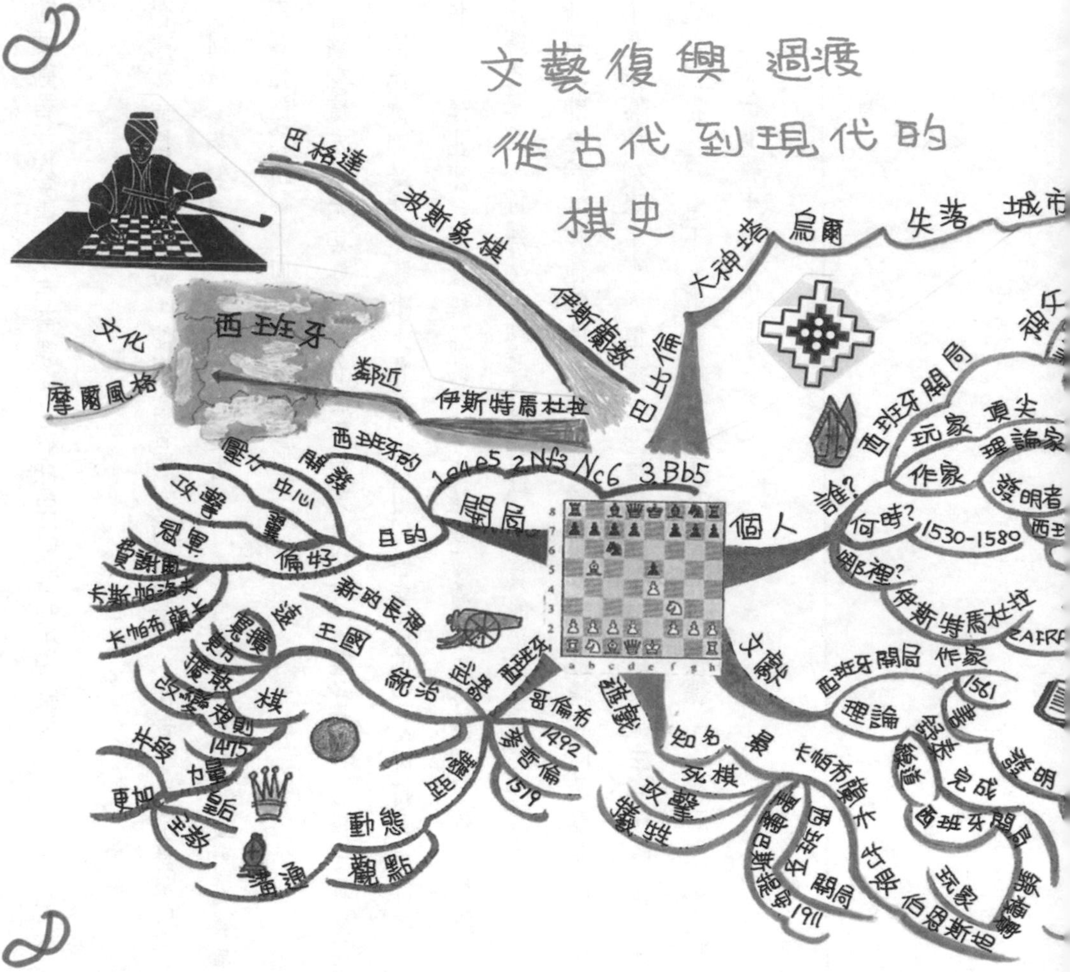

的心智圖使觀者一次掌握所有資訊。透過他自己的話來說就是：

準備講稿或撰寫文章時，使用心智圖有兩個優點：作者會持續受開枝散葉的想法刺激，產生翻新、更大膽的想法；同時，關鍵字與中央圖像又確保了演說與寫作裡的措辭，而不會遺漏任何重點。

心智圖在這方面尤其實用。不需要翻頁，就可讓觀者了解整個結構及關鍵重點。因為你都是在一張紙上作業，你可以告訴你的觀眾你打算說什麼、你能自信的表達出來，最後總結的時候也讓觀眾看見，你證明了你的觀點。至於使用線性筆記，你無法判斷意義孰輕孰重，只能辨識出時間順序。

假設講師能全然掌控他們的主題，關鍵詞扮演著熱情與即興點子的催化劑，而不是無聊的列舉事實。但是，如果講師無法完全掌握主題，線性筆記只會讓這個任務每況愈下。無論是撰寫文章還是口語授課，心智圖都像是船隻的舵，在這份簡報中引導你。

進階心智圖法——創意

如果你持續投入本書的心智圖練習，我希望你已體認自己與生俱來的創意：你運用聯想力與想像力，建立高度個人化、且獨特的心智圖，以展現大腦獨特的運作。

我看過許多本身便是傑出藝術作品的心智圖，它們有著絢麗的顏色與創意十足的圖像。別管你的心智圖是否兼具美感，都有可能激發出曠世之作。例如，它可以用來創作雕塑，或繪製出一段音樂中的樂章，或者成為詩詞與散文等作品的靈感來源。

像詩人般寫詩

你可能認為詩詞是「詩人」的專利，只有他們可以嘗試，但是借助心智圖，現在你可以找到靈感。詩詞向來是我自己生活的動力之一。我在第二章鼓勵讀者學習愛德華·李爾的五行打油詩。下一頁練習邀請你自行創作詩詞。在此之前，我想先分享一段我的簡單作品，其中的意象有如心智圖分支般流動：

快樂的麻雀
翻著觔斗；
秋葉
隨春風飄落。

（Happy sparrow
Doing somersaults;
autumn leaf Tumbling in Springtime Winds.）

如你所見，這首詩非常短，就像日本三行俳句詩一樣簡單但清楚，儘管它沒有三行俳句詩那樣正式的三行結構。我分享它的目的，是讓讀者了解不必選擇一個宏偉的主題，或追求押韻，也可以寫出一首對你而言具有意義的詩。按照以下指示，繪製一幅主題簡單的心智圖，準備迎接你內心的詩人！

遇見你的靈感來源

這項練習將會協助你開始獨創一首詩。首先，隨機選擇一個單字：

玫瑰（rose）	冬天（winter）	水（water）
橋（bridge）	雲（cloud）	秋天（fall）
睡覺（sleep）	謎題（puzzle）	觸覺（touch）
葉（leaf）	玻璃（glass）	刀（knife）
沙（sand）	繩索（rope）	鼠（mouse）
三明治（sandwich）	愛（love）	毛皮（fur）
夢（dream）		

選定一個單字，然後為它繪製一幅心智圖。利用顏色、圖像、代碼與連接箭頭，盡可能延展心智圖的分支、次分支及第三層分支，直到碰到紙張邊緣。
哪個分支最突出？
哪幅圖像最吸引你的目光，能讓你想像出什麼？
哪個連結最激起你的好奇？
利用這些刺激當作一首短詩的基底。

出書！

你可能已經注意到，許多我的心智圖同伴都已出版個人著作了。如果你也想寫一本書，不如使用心智圖來規畫。如果你要這本書暢銷，你需要考量的不只有主題而已。利用分支及次分支來考慮以下問題：

- 這本書的概念：你最初的想法、你的方法及你對它的期望。你想讓它達到敘事、驚喜或娛樂的效果嗎？
- 開始寫作前，你可能需要深入探究你的寫作風格、市場（有哪些類似主題的著作）、你的讀者群（像是年齡、性別）及內容本身所需的背景素材。
- 你打算把哪些元素納入這本書，諸如（如果你寫的是一本小說）情節、人物、題材，以及你的寫作計畫表及目標字數。
- 寫作過程，包括擬稿的時間表，以及你將從何處找到鼓勵和反應。
- 你如何推廣這本書及你這個人。這包括與讀者取得聯繫的管道，以及透過社交媒體、個人部落格及網站等，建立推廣的平臺。
- 最後，你可能需要從傳統出版方式或自助出版等取捨，權衡要素包括兩者的成本、利潤、速度、支援及藝術自由等。

圖表5-8　出書的心智圖

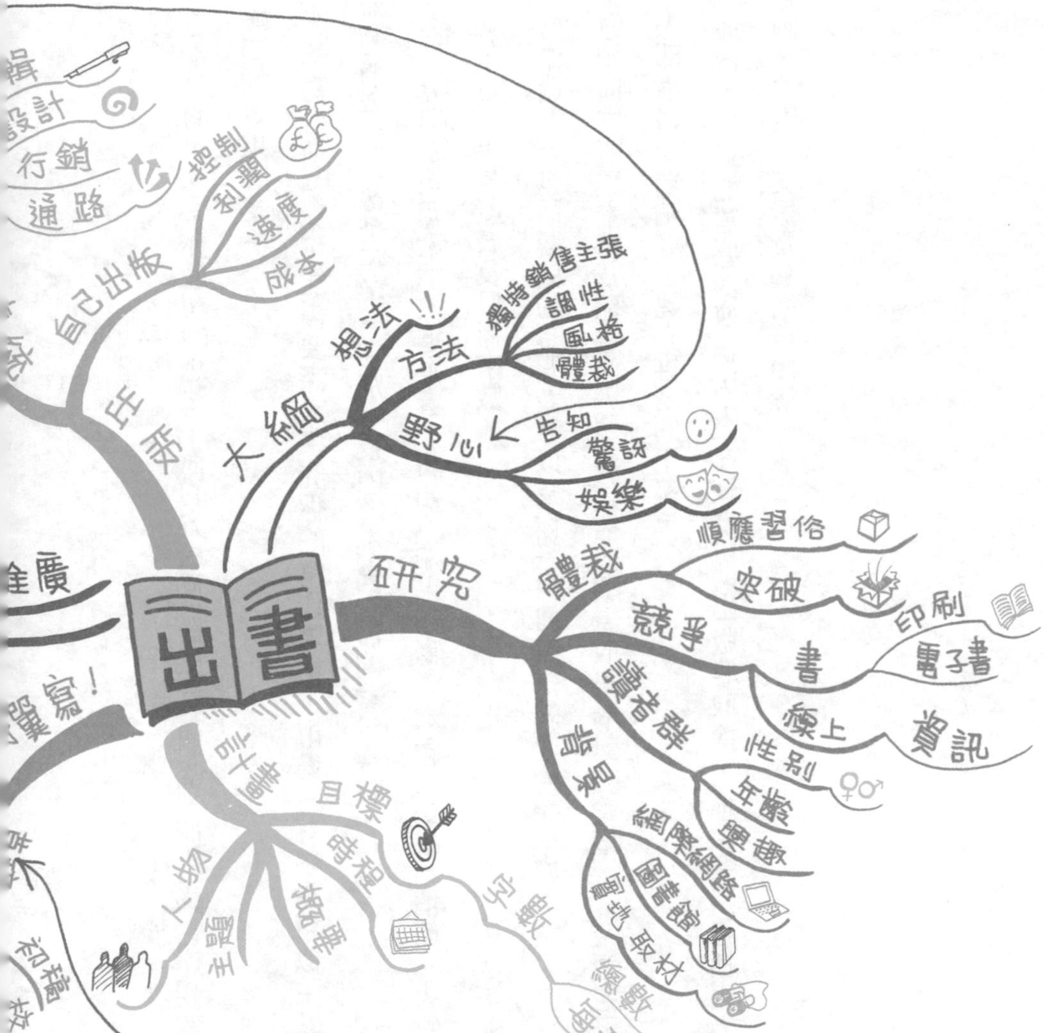
出書
研究
體裁
順應習俗
突破
競爭
印刷
書
電子書
線上
資訊
讀者群
性別
年齡
興趣
背景
網際網路
圖書館
實地
取材
大綱
想法
方法
獨特銷售主張
調性
風格
體裁
野心
告知
驚訝
娛樂
自己出版
控制
利潤
速度
成本
行銷
通路
設計
目標
時程
字數
每天
人物
主題
初稿
撰寫！
推廣

應用「設計思考」準則

「設計思考」（design thinking）是近年來脫穎而出的一種務實、急需創意、以解決方案為基礎的推理方式。它通常分為五個階段（步驟）：

同理心——師法他人。

定義——找出模式。

形成觀念——設計準則。

原型——具體呈現。

測試——反覆。

它可被應用於系統、程序、協議及客戶體驗。它的重點不在於解決問題，而是一種以行動為目的的流程，聚焦於尋找渴望的結果，而且同時考量同理心與情感因素。此外，它還需要邏輯、想像力與直覺。（有讓你想到什麼嗎？）

設計心態攸關逐步累積點子，直到遇到「啊哈！」的那一刻，前方道路至此變得清晰、明白。由於設計思考是要讓事物具體可見，因此繪圖是解決想法、分享、對話與溝通的主要工具之一。左頁的心智圖探討了「設計思考」基本準則的應用。

圖表5-9　應用「設計思考」準則的心智圖

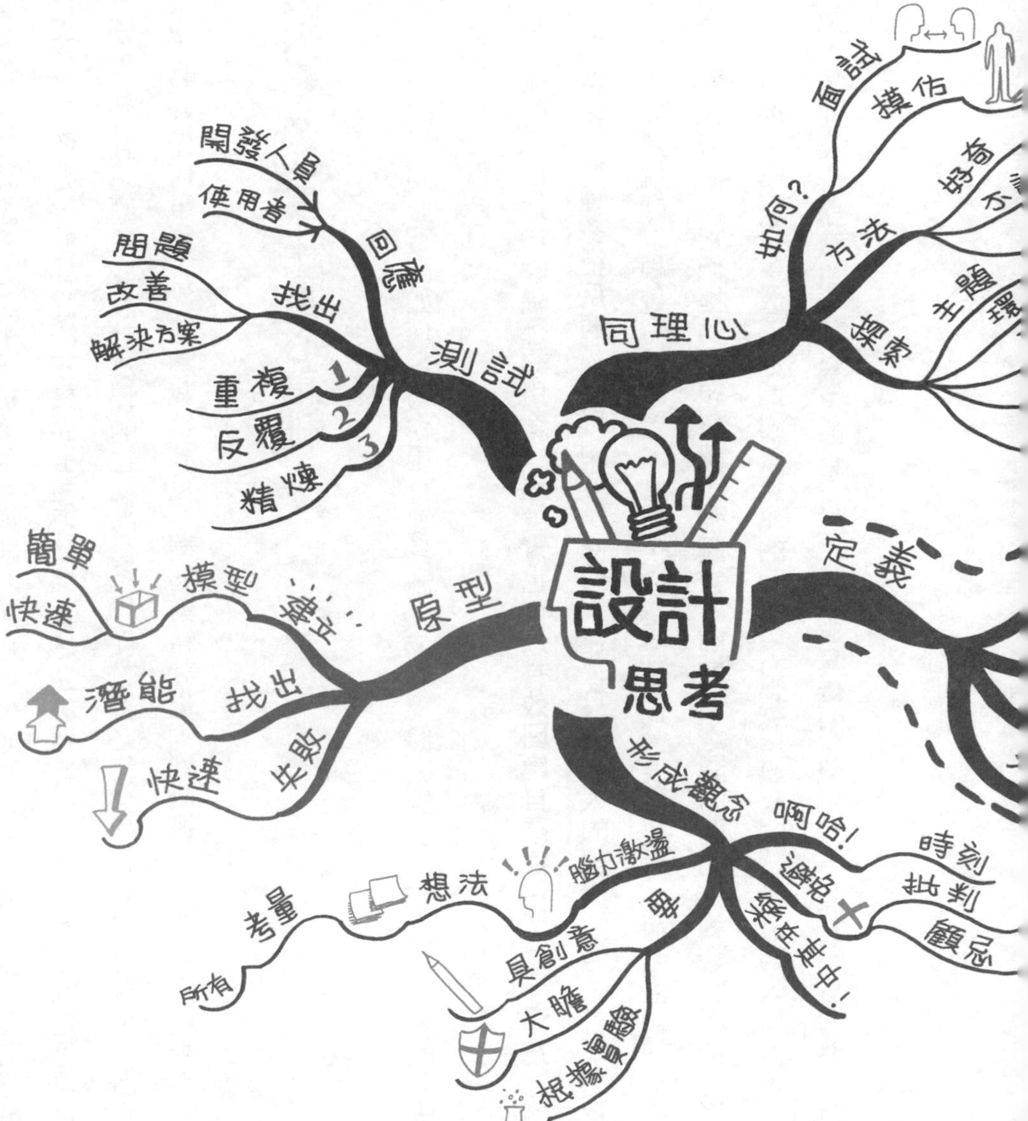

心智圖在設計思考方法上，扮演不可或缺的角色，這並不令人訝異。畢竟，心智圖完全是關乎想像力，並讓想法在頁面上顯現、逐步建立。再者，心智圖本身就是可視化的想法！心智圖可應用於設計流程的每個階段——從設計之初到外在的視覺表現，而且可以用來設計任何事務，從花園栽植計畫、擴展業務計畫，到概述你的理想生活等。

進階心智圖法——身心福祉

我們已經看到心智圖如何幫助你規畫健身制度或享受健康飲食，它扮演了你的私人教練（參見第一五八頁）。

心智圖除了促進一般福祉的用途，經證實也可以**有效因應自閉症**（autism）**及閱讀障礙**（dyslexia）**等多種疾病**。有自閉症傾向的人往往具有強大的視覺技能，言下之意是，自閉症兒童偏好以視覺方法學習。當然，心智圖不僅高度視覺化，而且鼓勵採取邊做邊學的學習方法。它們提供主題概況，強調它不同層面之間的關係、讓資訊顯得有條有序，並幫助自閉症學生改善他們對該資訊的回憶。對那些患有閱讀障礙的人而言，短期記憶、專注及排序資訊等，都可能是日常生活極具挑戰的領域。心智圖幫助他們組織、吸收資訊。

對於那些陷於憂鬱泥沼、意興闌珊的人，心智圖可凸顯症狀、提供策略，同時納入生物學領域的醫學資訊。它成了一種行動計畫及診斷工具。壓力向來會導致健忘、僵化並讓恐懼惡化急轉直下。心智圖可以扮演壓力的減壓劑，讓壓力消散。當大腦壓力減少了，身體的壓力也會減少，進而改善成績及身心健康。

心智圖通常可用於改善你對某項病情的了解，然後擬定一套實用的治療計畫。如果你打算繪製一幅管理焦慮的心智圖，可以依據你的感受畫出一個中央圖像，接著繪製與以下幾點相關的主分支與次分支：

- 誘發你焦慮的事情。
- 焦慮如何影響你的生活。
- 會產生不良後果或惡化你焦慮的事情。
- 幫助你管理活動。
- 來自家庭、朋友及專家的支援。

凱特．史瓦弗的故事

當凱特．史瓦弗（Kate Swaffer）四十九歲被診斷出罹患失智症，專家建議她離開職場，事先安排好每件事，並好好利用她剩下的時間。十年後，她完成了兩個大學學位、一個理工碩士學位，而且正在攻讀博士學位。

如今，凱特是一位以數百萬失智症患者為讀者的詩人、作家，以及享譽國際的發言人。二〇一七年，她獲頒南澳大利亞（South Australia）「年度澳大利亞人」獎，她非凡的獲獎榮耀，讓世界上更多的人認識她。

凱特是非藥物處置的倡導者，而心智圖是她「軍械庫」重要的組成要素。二〇〇七年，她透過一位南澳大利亞大學殘障顧問得知心智圖法，她在部落格中描述，如果不認識心智圖，她能做什麼、不能做什麼：「……因為它們將事物具體呈現出來，提供另一種方法協助我找到方向。」她的故事說明，心智圖可以幫助失智症患者，在迎擊病症的同時充實其生活。

心智圖對護理人員也很實用。例如，它們可以記錄一個人生活上的重要面向，例如，他們崇尚的生活方式、重要的人事物。除了社交功能，心智圖還可以作為醫學工具，用以安排護理與治療計畫的細節。

對抗失智症

因為有資訊倉庫或甚至大倉儲的功能，心智圖可以幫助人們對抗失智症等破壞性極大的疾病。不僅被診斷為失智症的那些人可以使用心智圖，照顧他們的人也可以使用。

二〇一〇年，美國研究心理學家喬治．胡巴（George Huba）博士被診斷罹患無法治癒的早發性神經組織退化疾病（early-onset neurodegenerative disease）與失智症。醫生告訴他他來日無幾。一年後，他從健康與社會關懷專案評估員的工作退休。但是，他不想太認命。相反的，他利用自己的專業經驗研究視覺思考方法，希望幫助那些認知能力降低、卻又希望將症狀對未來的影響最小化的人。

胡巴博士很快發現，心智圖法是一種特別有效的方式，可以**讓他的日常生活與記憶有條不紊，也可以協助他規畫未來**。心智圖沒有複雜的句子結構、也不須死記硬背，因而能在當下吸引大腦。喬治・胡巴寫了一篇引人入勝的部落文，標題為〈我的生活——一個進行中的認知與醫學實驗〉（My Life as an Ongoing Cognitive and Medical Experiment），在推特擁有大量關注。他也出版一本《心智圖法、認知障礙與失智症》（*Mind Mapping, Cognitive Impairment, and Dementia*）。他可以說是利用心智圖解決認知衰退影響的先驅。

對失智症患者而言，心智圖是一種可以幫助記錄記憶、提前組織日常例行工作與計畫的視覺思考工具。例如，它可應用於選擇餐食與衣物、記憶藥物、日記、時程規畫表。它們可以幫助失智症患者，記住醫療就診時間及訪客。比起文字，罹患失智症的人更容易透過圖片、草圖及塗鴉等來表達自我。在這類個案裡，心智圖可以扮演溝通工具，幫助他們與關心他們的人建立聯繫。

心智圖幫助失智症患者，及他們背後的支持者充分利用當下。

進階心智圖法——記憶

一九九一年，雷蒙．凱尼與我一同創辦了世界記憶大賽，這項活動與世界心智圖法錦標賽不同，但是它們都屬智力運動領域，是我一生中努力促進與改善全球腦力認知的一部分。如今，來自世界各地的競爭者參與世界記憶大賽；這是一項真正多元文化的活動。世界記憶大賽包含十種學科，參與者必須在規定的時間內盡可能記住更多資訊，例如，一副牌的順序，或一長串二進位數字。

世界冠軍記憶術專家多明尼克．歐布萊恩因為二〇〇二年五月一日的成就，而名列金氏世界紀錄，當時他只看過每張卡片一次，便能記憶兩千八百零八張撲克牌的隨機順序。如他在本章前面所描述的（參見第二一〇頁），心智圖是他的一個重要工具。

我們已經了解了心智圖如何協助記憶資訊。它們也可以被當成一種高效運動，訓練大腦，進而改善你的記憶。

心智圖法的心智圖

這幅令人嘆為觀止的心智圖與心智圖法流程有關，是由中國心智圖家劉艷繪製的。此圖讓她榮獲二〇一六年世界心智圖法錦標賽金牌，當之無愧。劉艷的作品是以我的肖像為中央圖像，並以心智圖法的重要面向作為分支，像是製作法、它的應用，以及如何藉由繪畫、3D的運用及心智圖法則等建立它（參見第八十四頁）。因而產生的心智圖，饒富想像力、詼諧、五顏六色，而且讓人看了心情開朗。它充滿幽默風格，讓記憶瞬間變得很簡單、有趣。

說到做到

下一個練習能讓你體驗心智圖法如何幫助你更快閱讀、改善你的理解、記實用的筆記，並協助你概略了解你正在閱讀的資料，同時記住其中的資訊。

- 隨機從你的書架上挑一本書，打開它。
- 迅速翻閱這本書，直至你翻到新章節或書本主區。略讀之，讓自己對它的內容有概略的了解。
- 現在，草擬一幅粗略的心智圖。
- 必要的話，參考圖表1-2（第四十二頁）的心智圖法七步驟，以及「心智圖法則」。
- 檢視書本尋找更多寶貴資訊，再進一步精煉你的心智圖。邊做邊看著書本，以確保納入你需要的每樣事物。
- 闔上書本。
- 只**利用你的心智圖，盡可能詳細的回憶這本書的主題**。

大多數人覺得，記筆記會減慢你閱讀的速度。但心智圖完全相反：當你依據書本裡的關鍵字詞微調心智圖時，你的眼腦系統會像偵探一樣搜索內容裡的關鍵元素——立即形成一個聯想網絡。尤其，當你專注於提升心智圖的品質，你也優化了你對書本的理解。

創造魔法

當劉艷贏得二〇一六年世界心智圖法錦標賽時，我對她的作品感到敬畏。她在高壓環境下、非常有限的時間內，想辦法建立出只能以大師級形容的心智圖。我記得我告訴觀眾：「無論你是來自中國或其他國家，請向劉小姐學習心智圖法，因為，她毫無疑問是心智圖領域的頂尖人物之一！」這是劉艷用她自己的話訴說的故事……。

我叫劉艷，來自北京。我自二〇〇九年起便一直在中國傳授心智圖法。當我第一次透過東尼．博贊的書認識心智圖時，便開始對它們產生興趣。當我二十三歲時，我帶頭繪製一幅巨大的心智圖（六百平方公尺），這幅圖在二〇〇九年第十九屆世界記憶大賽期間，於廣州白雲山完成架構。

二〇一一年，我首度遇見博贊先生，當時他正發表演講。那時，我在觀眾席上，無法與他直接交談。當他發表完演講，儘管工作人員試圖阻止我，我仍設法帶著我手上的心智圖走上講臺。博贊先生耐心的指導我。從那刻起，我決定讓我的職業生涯、我的整個生命，致力於傳播及傳承這項神奇的工具。

為此，我專程於二〇一四年八月飛往英國、向博贊先生學習心智圖，之後成為中國大陸第一位合格的女性心智圖指導者。截至目前為止，我已經指導過六萬多位學生！我教過最年輕的學生只有六歲。在接受我的指導後，她可以為一場精彩的演講繪製心智圖，然後在講臺上發表。因著知道怎麼利用心智圖，我有許多學生得以改善他們的成績，也提高其工作的效率。

二〇一五年，我帶領八十一名學生，規畫、繪製一幅一百二十平方公尺的巨幅心智圖，那是當時中國最大的心智圖。完成時，我迫不及待要將那幅心智圖傳給博贊先生。博贊先生看過後，稱讚它：「空前絕後！」

一年後，二〇一六年八月，我帶領一百八十九名學生在兩小時又二十分鐘內，完成另一幅兩百一十六平方公尺的巨型心智圖，再度打破先前的紀錄。這幅心智圖的主題是「中國優秀傳統文化」，《人民日報》網站報導過。

我與我學生一起繪製其他巨型心智圖，包括二〇一七年關於中國的心智

圖表5-10　劉艷繪製的心智圖法流程的心智圖

圖，以三十四個省分為單位。這幅心智圖象徵了融合西方與東方文化的企圖。在今日的中國，心智圖已成為許多中小學生必學的學習工具，也是許多大型企業員工必備的技能。我希望善盡自己的角色，好好將心智圖法傳承給中國下一代。我現在已經寫了兩本與心智圖法主題相關的書，其中一本是心智圖法的介紹，另一本則是將心智圖與《道德經》的古老哲理連結。

二〇一六年十二月十二日，我參加在新加坡舉辦的世界心智圖法錦標賽。歷經激烈的比賽，一天三場，我在速讀雜誌文章並以心智圖的形式呈現其中資訊這項活動中，以九十二．五的分數打破紀錄。我在其他兩項活動也創了新紀錄，每項活動平均花費半小時。當東尼．博贊先生宣布：「今年世界心智圖法錦標賽金牌的得主是劉艷。」我淚流滿面。對我自己及我親愛的學生而言，這個獎是我希望獲得的最佳認可。

展望未來，我希望幫助更多人，讓他們因為這個神奇的工具而受益。我打算讓自己投入心智圖，未來看起來相當樂觀！

關於心智圖能在生活各個面向為你帶來的種種可能性，我期盼你如今能充滿興奮與好奇之心。從在一張A4紙上謙卑的開始草擬、到覆蓋山腰的巨幅心智圖，心智圖可以帶領你前往的地方，或它的應用可說是無遠弗屆。

第 6 章

心智圖法的未來

心智圖的未來是什麼？

本章將探索在數位時代裡的心智圖，

以及它與發展人工智慧的潛在關係。

數位心智圖法可以檢視心智圖的未來，

以及它可以如何幫助你讓自己的生活道路更平順。

接下來呢？

心智圖還在持續進化。這應該不令人訝異，因為心智圖反映的是人類大腦的思考流程，而人類大腦當然不可避免的受到進化準則的影響。

我們在第一章看到，心智圖如何融入歷史的軌跡，以及如何由石器時代的藝術家創造開創性的標記，所觸發的一系列事件占有一席之地。我們可以將存在腦細胞的連結裡的心智圖，用手繪製出來。藉由繪畫、書寫以及創造標記，心智圖已經從大腦轉印到頁面上了。

然而，從各個層面觀察我們身處的這個新時代，所謂平衡，似乎實際上正從手做轉移為電腦製造，研究人員如今正在研究，我們的心智與思考流程，可能受現代技術發展的影響的方式。

我很好奇未來會帶我們到哪裡，也想知道在一個人類智慧（Human Intelligence，簡稱ＨＩ）開始理解並能應付人工智慧的影響的世界，心智圖法將扮演什麼角色。

邁向數位化

很難相信自從我與克里斯・葛里菲斯（Chris Griffiths）合作設計第一套成功的數位心智圖法軟體「iMindMap」算起，已經過了十多年了。克里斯這位二十六歲便賣掉他第一家公司的頂尖企業家，他是OpenGenius的創辦人，而OpenGenius所開發的iMindMap，今天全球有超過一百萬人使用。我們共同構思出這套反映大腦有機特質的軟體，以及我們思考流程互相影響的方法，也遵守心智圖法則。

可惜的是，市面上有許多其他App與套裝軟體，它們聲稱是心智圖法工具，但是實際上並未遵守心智圖法則。在這些情況下，軟體經常產生的是概念圖。舉例而言，「顏色並非必須的」，而且「存在一個以上的『中心』想法」；又或者，它們會將許多單字或片語錯誤的塞進框框，沿著分支擺放。在這類示意圖當中，分支不盡然是連接的、區隔的或按階層排序的。

將心智圖法則，與聲稱是心智圖軟體程式的迷你法則放在一起檢查、比較，向來花時間。如果兩者沒有關聯，程式繪製出來的將不會是世界最強思考武器——心智圖。如我們看到的，心智圖法則是以心理學準則為基底，這代表著，一個人越是背離法則，他完成的圖也就越沒效力。

數位心智圖法的優點

iMindMap軟體遵守心智圖法則，因而可以產生真正的心智圖——為好的思維、創意與卓越的回憶創造必要的條件。該程式經證實是一項特別有效的工具，可用於腦力激盪、協商、記會議紀錄、建立光鮮亮麗的簡報及擬定策略。

電腦繪製的心智圖的好處包括：

- 必要時，可以加以編修。
- 可備份於裝置中。
- 圖表清晰、容易閱讀。
- 可以與其他媒體相連接。
- 它們有助於後期處理分析。
- 可以利用軟體提供的繪圖工具與圖示（icon）快速的產生心智圖。

當然，數位心智圖法扎扎實實的好處之一，是它的速度和便利，這讓文件可透過電子方式與同事共享——甚至在某些時候，由第二人加以註釋，以鼓勵團隊協作。

接下來朝向何處？

和人類一樣，iMindMap也隨著時間與新興科技的出現而持續演進。但是，儘管近年來它有十足的進步，我相信我們仍只處於心智圖法數位冒險的非常初始階段。

機器人法則vs.心智圖法則

一九五〇年，美國科幻小說家以撒・艾西莫（Isaac Asmiov）發表一系列預知式的短篇小說，叫做《我，機器人》（*I, Robot*）。在一九四二年的故事〈轉圈圈〉（Run Around）裡，他介紹了「機器人的三定律」：一、機器人不得傷害人類，或因不作為（袖手旁觀）而使人類受到傷害；二、機器人必須服從人類的命令，除非這些命令與第一項定律衝突；三、在不違背第一項及第二項定律的情況下，機器人必須保護自己。

如今有些人認為，我們已經到了需要積極制定機器人定律的時代了——為人工智慧訂定十誡，如果你願意從這個角度看待的話，他們的恐懼似乎是合理的：二〇一七年六月，美國紐澤西州立羅格斯大學（Rutgers University）藝術與人工智慧實驗室（Art and Artificial Intelligence Laboratory）的研究員艾哈邁德・艾爾加馬（Ahmed Elgammal）、劉秉晨（Bingchen Liu，音譯）、莫哈邁德・艾爾和塞寧（Mohamed Elhoseiny）及瑪麗安・馬佐內（Marian Mazzone）發表一篇論文，並分享發人深省的研究結果。該團隊進行一項實驗，他們讓一套新計算系統生成全新的藝術作品。這些作品隨後在二〇一六年巴塞爾藝術博覽會（Art Basel）上展出——而且被視為人造藝術品，受眾人喜愛！

儘管可能出現如此情況，我相信，在圍繞著人工智慧多數天花亂墜的宣傳實現之前，我們還有很長的路要走。而且我更傾向同意美國研究心理學家蓋瑞・馬庫斯（Gary Marcus）教授的觀察，其研究領域聚焦於語言、生物學與心智。他在二〇一七年七月二十九日《紐約時報》發表的文章〈人工智慧陷入困境，我們該如何推動它〉（Artificial Intelligence Is Stuck. Here's How to Move It Forward）指出：

人工智慧系統在現實世界裡掙扎著，我們需要開發一種人工智慧的新範例，讓「由上而下」及「由下而上」的知識，都能在一個平等的立足點上。「由下而上」的知識是指我們直接從我們的感官獲得的原始資訊，而「由上而下」的知識則包括這世界如何運作的認知模式。

「由上而下」知識目前在人工智慧領域相當成功，不是感官刺激的知識。如果人工智慧系統的功用要超越資訊的被動容器，便需要將此兩種形式的知識整合在一起。如今的電腦並不知道它們在做什麼；它們缺乏真正的意識，所以最終它們只能從事程式設計師讓它們做的事。在撰寫程式時，它們是沒有認知意識的。

我稍早提過，我很好奇心智圖的未來是什麼。雖然許多人認為，世界不可避免將被人工智慧勢不可擋的崛起所挾持（想想《魔鬼終結者》〔*Terminator*〕那類電影所描述的），但是我還沒被説服，機器人可以達到人類大腦的有機複雜度。我們已經開發心智圖軟體，可以繪製令人驚嘆的簡報，但是還無法以有意義的方式，開發出能夠自動繪製心智圖的人工智慧軟體——更別提它在這麼做的同時，會意識到這是它正在做的事的事實。今天，即使有著「超級機器人」的稱號，當它們看不到臺階，一樣會缺乏區別的能力，或跌得四腳朝天！

除了建立新的機器人法則，我更希望看到能夠有意識的掌控心智圖法的人工智慧，因為我相信，這是真正的挑戰。如我們看到的，藉由利用想像、邏輯、聯想及個人對這世界的詮釋，心智圖法則與思考的基礎準則形影不離的盤結。雖然我們在iMindMap上已有重大進展，而且它將不斷茁壯，但我至今還沒遇到一個機器人，是可以不需要人類的輸入、即可自行繪製心智圖的。

我打從心底相信，**繪製心智圖的能力，將是機器人擁有智慧的最終證明**。

發人深省的對話

我與波蘭心智圖法大師馬列克．卡斯帕斯基的對話，總讓我對這項終極思考工具的可能性，感到鼓舞與振奮。我們發現，我們最近常討論數位心智圖法與人工智慧，而馬列克使我驚喜。

「當我第一次看到iMindMap時，便非常喜歡它，但是說真的，我覺得它仍欠缺點什麼，」他坦言：「適用的準則很棒，但是心智圖軟體本身是二維的——非常扁平。在我們身處的世界中，並沒有太多事物是扁平的；一切都是立體的。」

我理解他的意思。

馬列克繼續說道：「我開始思索，中心主題就像某人的大腦一樣，它是立體的：我可以旋轉它，並從每個不同的角度觀察它。然後，我想像主題的分支就像藤蔓般從主題向外延伸出去。不是像它們在iMindMap那般採二維的方式，而是立體的。所以，我希望看到3D電腦程式，讓你可以旋轉心智圖。那就像來自太陽的閃焰，它們不會只朝一個方向移動；它們會朝你而去，也會離你遠去。如果你可以旋轉它，便可以看到這幅美麗的3D心智圖——就像史巴克（Spock）在《星際爭霸戰》玩的立體分層棋（three-dimensional, tiered game of chess）。」

他繼續分享，他所認為發展一套應用於螢幕或平板的3D心智圖軟體的好處，你可以用手指旋轉它，幫助你了解心智圖的空間潛力，讓它所有不同的分支在三百六十度的球體延伸出去。

我們現在正在琢磨3D iMindMap軟體，而且，機會是無窮的。

人工智慧本身往往被看成是一種數字遊戲；大的數字，不可否認的。即使如棋類遊戲那般明顯簡單易懂的東西，都可能涉及十的七十次方種棋步（十的後面再加七十個零），那是IBM之所以在超級電腦「深藍」（Deep Blue）投入數十年、數十億美元的原因。一九九七年，深藍超級電腦擊敗了當時的西洋棋冠軍蓋瑞·卡斯帕洛夫（Garry Kasparov）。

人工智慧的另一項挑戰來自抽象策略棋盤遊戲Go。機器人社群裡有許多人認為人工智慧無法操控Go圍棋，因為這個遊戲有十的一百七十次方種棋步。它的複雜度極為驚人。不過，英國人工智慧研究員迪米斯・哈薩比斯（Demis Hassabis）決定著手解決這個問題。除了擔任研究員、神經科學家及電腦遊戲設計師之外，他還是一名心智圖家，曾兩度贏得Decamentathlon（一種多領域的心智運動活動）。他也是DeepMind（一家致力推動人工智慧技術的公司，二〇一四年被Google收購）的共同創辦人。而且，儘管投入不少時間，再加上Google的支持，DeepMind成功開發出一項名為AlphaGo的人工智慧程式，該程式曾於二〇一四年證實，有能力擊敗世界級的Go圍棋冠軍。

當人工智慧擊敗心智運動領域的兩名頂尖人士時，有人認為，人工智慧已經差不多要超越我們了。但是，我們回想一下那些數字遊戲。心智圖從中心往外延伸出分支（BOI），從每個主分支再延伸出更多分支，並從那些分支再繼續延伸出更多分支。問題是，理論上有多少可能的分支可以從任何一個分支長出來？答案當然是可以無限的。即使是在二維度空間，心智圖的潛在範疇都是難以估量的。

因此，與其聚焦在發展心智圖軟體，我們反過來想：與其苦思如何利用數位科技擴展心智圖的界線，倒不如利用心智圖法作為擴展人工智慧的好方法。

我與馬列克對談的期間，我表明我對心智圖法未來的願景，那需要為新的人工智慧軟體設置一個金額達數百萬美元的獎項，像是在心智運動領域（諸如西洋棋）設置人工智慧發展的獎項一樣。

如同IBM建立「深藍」，而DeepMind背後有Google的支持，這個有人工智慧先驅支持的獎項，將頒給第一項遵循心智圖法則的人工智慧程式或超級電腦，以便建立它自我生成的心智圖。除此之外，該程式還要能夠複製人類操控、應用心智圖的方式。這項開創性的程式會：

- 利用不同的圖像、採不同形式繪製數千幅心智圖。
- 了解它自己生成的心智圖。
- 展現它是可以思考的。
- 互相交流其記錄於心智圖上的想法，採不同語言表達，或利用將聽力智慧導向同一目標的其他文字，就像人類心智圖家可以傳達以心智圖記錄下來的資訊。
- 將心智圖裡的想法轉為藝術、雕塑或音樂形式表達出來，就像真人可以利用心智圖激發他們具創造的成就一樣。

聽到此處，馬列克微笑並提醒我，在人工智慧史的現階段，即使是聲稱精密複雜的機器人，主要也只是一種模仿其他東西的裝置，卻讓你誤以為它可自行思考。然而，事實並非如此。它只是處理二進位數的裝置：一與〇、是與否、這個或另一個。它不是在思考：它是在反應、計算——不是思考。它也不會對某次事件有什麼感覺。

我同意馬列克的觀察，在人類敗給「深藍」後，據蓋瑞．卡斯帕洛夫的觀察，他不是對結果感到失望，他更悲傷的是，這臺蹩腳的機器擊敗了世界上最偉大的西洋棋選手，但是卻不會出現成就感等感受。它也無法享受美食、聆聽周遭環境、笑、哭與回憶。它不曾在那場比賽的每一毫秒鐘存活過。

在此情況下，為可見的未來繪製心智圖時，人類元素似乎仍是不可或缺的。但是，如果心智圖法可用於延伸、挑戰並助長人工智慧，那會有多美妙？如果心智圖法可以為人工智慧做到這一點，想像一下，它會透過什麼方法幫助你改善你的生活？生而為人，你是一臺超級生物電腦，你的潛力不可思量。

你的未來

當我的書《心智魔法師》（*Use Your Head*，二〇〇七年）首次由BBC出版時，我被找進出版社的辦公室。編輯帶著尷尬的笑容迎接我。「我得對你懺悔：你的書彷彿從書架上消失了。《心智魔法師》一在書店上架便消失無蹤！」

我笑了。工作人員因為熱切想學習如何使用他們的頭腦、改善他們的智力，而將這些書帶回家。

然而多年來，其他人以一種並非總是如此良性的方式占用了心智圖。面對心智圖遭誤用與誤解，有時我會感覺像是搭乘一輛被響馬攔截的馬車，眼睜睜看著珍貴的寶藏被帶走、被埋在樹林裡，任何人都無法受益。

我撰寫本書的動機之一，是確保這項神奇的思考工具不會失去完整性，同時繼續幫助現在與未來全世界數百數千萬以上的人。我將生活投入傳授與分享心智圖，我的願望是，透過《世界最強思考武器——心智圖》讓每個人知道，什麼才是貨真價實的心智圖、它是如何演變而來，以及它可以如何幫助我們；還有，它將強化一個事實：即心智圖法則有其存在的理由，因為就驚異的思考而言，它們是不可或缺的。

無論你所處環境、你面臨的挑戰、你的希望與抱負為何，你都可以從本書找到能讓你成為真正心智圖大師的技巧和見解。我誠摯的相信，一旦你完成本書的練習、掌握心智圖法的藝術，你便能掌握生活的藝術了。

繪製一幅「改變你的生活」心智圖，從此開始你心智圖冒險的下一階段。在這幅心智圖裡，利用截至目前為止你習得的所有心智圖法技能，超越你目前的處境，清楚表達你的夢想，並找出令人興奮的新方式實現它。一旦你起步，我知道沒有什麼可以阻止你……現在我能做的，便是期望你能利用這項世界最強大的思考工具，為自己帶來一次又一次的成就。

歡迎加入心智圖法全球家族！

資源

東尼・博贊——心智圖法發明者

www.tonybuzan.com

歡迎來到東尼・博贊的世界。東尼・博贊是心智圖的發明者——我們這個年代最強大的「思考工具」。透過這個網站更加了解東尼本人，以及心智圖法、記憶與速讀等澈底改變的能力，以及其他實用的資源。

iMindMap

www.imindmap.com

是第一套心智圖法、腦力激盪及專案規畫軟體。它讓你能利用五種模式，在工作時發揮創意——包括快速記錄模式（Fast Capture View）、腦力激盪模式（Brainstorm View）、心智圖模式（Mind Map View）及時間地圖模式（Time Map View）等，幫助記錄、組織、發展、行動與開始你的想法。有許多世界頂尖組織都使用這套軟體，包括迪士尼、BBC、美國國家航空暨太空總署（NASA）、英特爾及微軟。

世界記憶大賽

www.worldmemorychampionships.com

於一九九一年由東尼・博贊和雷蒙・凱尼所創立，並舉辦了第一屆「世界記憶大賽」，那是一個共同競爭框架，讓記憶運動獲得國際競爭的平臺。「世界記憶大賽」包括十項記憶學科。

世界思維導圖理事會

www.worldmindmappingcouncil.com

世界思維導圖理事會（World Mind Mapping Council）是菲爾・錢伯斯與東尼・博贊共同創辦的，該理事會致力推動全球心智圖法的教學，並提升全球讀寫能力。

參考文獻

Collins, allan M. and M. ross Quillian "Retrieval Time From Semantic Memory", in Journal of Verbal Learning and Verbal Behavior, Elsevier, volume 8, 1969.

Elgammal, ahmed, Bingchen Liu, Mohamed elhoseiny, and Marian Mazzone, "CAN: Creative Adversarial Networks, Generating "Art" by Learning About Styles and Deviating from Style Norms", (available online) June 2017.

Farrand, Paul, Fearzana Hussain and enid Hennessy, "The Efficacy of the "Mind Map" Study Technique", (available online) 2002.

Haber, ralph, "How We Remember What We See", Scientific American, May 1970.

Huba, George, Mind Mapping, Cognitive Impairment, and Dementia (Huba's Bolero), (available online) 2015.

Marcus, Gary, "Artificial Intelligence is Stuck. Here's How to Move It Forward", New York

Times, July 29, 2017.

Restorff, Hedwig von, "The Effects of Field Formation in the Trace Field", 1933.

Toi, H., "Research on How Mind Map Improves Memory", paper presented at the International Conference on Thinking, Kuala Lumpur, 2009.

感謝

本出版社要感謝蘇・拉塞爾斯（Sue Lascelles）在本書創作過程所提供的寶貴協助。

本出版社要感謝以下心智圖者與照相圖庫，感謝他們允許本書複製並使用他們的素材。我們採取一切措施追蹤版權所有者。然而，如果遺漏了任何人，我們在此表達歉意，而且一旦收到通知，也會於未來版本加以更正。所有心智圖的版權仍然屬於創作者，如下所示：

第四十一頁Shutterstock（總部位於美國紐約市的商業攝影、影視素材及音樂素材供應商）；第五十三頁Shutterstock；第五十四頁Shutterstock；第六十二頁Shutterstock；第六十三頁Shutterstock；第六十四頁Shutterstock；第六十五頁Shutterstock；第六十七頁Alamy；第七十六頁Shutterstock；第一七三頁Shutterstock；第一七四頁Shutterstock；第一七五頁Shutterstock；第一七六頁Shutterstock；第一七七頁Shutterstock；第一四六頁馬列克・卡斯帕斯基的心智圖；第一五六頁菲爾・錢伯斯的心智圖；第一八一頁李察林（Richard Lin）的心智圖；第二一一頁多明尼克・歐布萊恩的心智圖；第二一九頁曼尼許・杜特的心智圖；第二三一頁曼娜海爾・薩貝特；第二三二頁曼娜海爾・薩貝特；第二三七頁雷蒙・凱尼的心智圖；第二五八頁劉艷的心智圖。

國家圖書館出版品預行編目（CIP）資料

世界最強思考武器——心智圖：全球超過百萬人使用，想法周延、任務簡化，工作與家庭都繽紛起來。/ 東尼．博贊（Tony Buzan）著；黃貝玲譯.
-- 二版-- 臺北市：大是文化有限公司，2023.05
288面；17×23公分. --（Biz；425）
譯自：Mind Map Mastery: The Complete Guide to Learning and Using the Most Powerful Thinking Tool in the Universe
ISBN 978-626-7251-64-5（平裝）

1.CST: 學習心理學 2.CST: 學習方法
3.CST: 記憶

521.1 112002315

Biz 425

世界最強思考武器——心智圖

全球超過百萬人使用，想法周延、任務簡化，工作與家庭都繽紛起來。

作　　者／東尼．博贊（Tony Buzan）
譯　　者／黃貝玲
責任編輯／許珮怡
美術編輯／林彥君
副 主 編／馬祥芬
副總編輯／顏惠君
總 編 輯／吳依瑋
發 行 人／徐仲秋
會計助理／李秀娟
會　　計／許鳳雪
版權主任／劉宗德
版權經理／郝麗珍
行銷企劃／徐千晴
行銷業務／李秀蕙
業務專員／馬絮盈、留婉茹
業務經理／林裕安
總 經 理／陳絜吾

出　　版／大是文化有限公司
臺北市100衡陽路7號8樓
編輯部電話：（02）23757911
讀者服務／購書相關資訊請洽：（02）23757911　分機122
24小時讀者服務傳真：（02）23756999
讀者服務E-mail：dscsms28@gmail.com
郵政劃撥帳號：19983366　戶名：大是文化有限公司

法律顧問／永然聯合法律事務所
香港發行／豐達出版發行有限公司　Rich Publishing & Distribution Ltd
香港柴灣永泰道70號柴灣工業城第2期1805室
Unit 1805, Ph.2, Chai Wan Ind City, 70 Wing Tai Rd, Chai Wan, Hong Kong
電話：2172-6513　傳真：2172-4355
Email：cary@subseasy.com.hk

封面設計／林雯瑛
內頁排版／黃淑華
印　　刷／緯峰印刷股份有限公司

出版日期／2023年5月二版
定　　價／480元（缺頁或裝訂錯誤的書，請寄回更換）
ISBN／978-626-7251-64-5
電子書ISBN／9786267251614（PDF）
9786267251621（EPUB）　　Printed in Taiwan